조선을 찾은
서양의
세 여인

조선을 찾은 서양의 세 여인

시선에 갇힌 진실

펴낸곳 서울대학교출판문화원
펴낸이 오연천
지은이 정영목

초판 1쇄 발행 2013년 5월 10일
초판 3쇄 발행 2014년 6월 25일

출판등록 제15-3호
주소 서울특별시 관악구 관악로 1 우편번호 151-742
대표전화 02-880-5252
팩스 02-888-4148
마케팅팀 02-889-4424, 02-880-7995
이메일 snubook@snu.ac.kr
홈페이지 www.snupress.com
영문홈페이지 eng.snupress.com

ISBN 978-89-521-1427-3 03900

조선을 찾은 서양의 세 여인

정영목 지음

시선에 갇힌 진실

서울대학교출판문화원

목차

글머리에

이 책은 조선을 찾은 서양의 세 여인, 베라 잉거슨Vera Ingerson, 거트루드 워너Gertrude Warner, 엘리자베스 키스Elizabeth Keith에 관한 이야기다. 이 세 여인은 모두 직업이 달랐다. 잉거슨은 간호선교사였고, 워너는 부유한 콜렉터였으며, 키스는 화가였다. 때문에 조선을 찾은 목적과 이유가 다 달랐다. 태어난 곳과 나이도 다 다르다. 단 하나 공통점이 있다면 이들은 일제 강점기 1920년을 전후하여 조선을 찾아왔다. 그리고 각자의 시선으로 조선을 본 기록물들을 남겼다. 편지와 보고서, 사진과 그림, 그리고 책 등 이들의 기록물을 서로 비교하며 모아놓으면 옛 우리의 모습을 필자의 관점 아래 재현해내는 학술적인 재미가 있으리라고 판단했다.

그리고 무엇보다도 여기에 소개되는 모든 기록물의 대부분은 아직 한국에서 발표된 적이 없는 1차 자료들이다. 이 세 여인에 대한 또 하나의 공통점이 여기 있다. 이들이 직접 남긴 모든 1차 자료를 미국 유진Eugene 오레곤 대학교University of Oregon의 도서관과 미술관이 소장하고 있다. 필자는 1984년 미국 유학시절 한국에 관한 키스의 그림을 처음 알았고, 언젠가 한번 연구하겠다고 한 것이 세월이 흘러 지금에 이르렀다. 우연히 오레곤 대학교 미술관에 키스의 작품이 많다는 것을 알아 2006년, 6개월의 안식년을 그곳에서 보내던 차, 미술관이 아닌 도서관에서 5,000여 장에 달하는 워너 소장의 랜턴 슬라이드를 발견하게 되었다. 대부분 중국과 일본 것이었으나 그중 한국 관련 사진도 250여 장이나 있었다. 미국에서도 발표된 적이 없는 사진들로, 논문보다는 책으로 집필하여 이 사진들을 한국에 공개해야겠다는 그때의 생각이 오늘에야 그 작은 결실을 맺게 된 것이다.

때문에 이 책에 등장한 대부분의 사진은 원본의 미발표 사진들이다. 필자는 이것만으로도 책의 가치는 충분하다고 생각한다. 그에 더해 오레곤에서의 연구과정 중 키스와 워너는 작가와 콜렉터의 관계로 서로 많은 서신을 교환한 친분이 돈독한 사이였음을 알았고, 이 서신들을 통해 당시의 중요한 새로운 사실들을 챙길 수 있었다.

여기에 무언가 융합의 관점에서 무엇을 하나 더 끌어들여야 하겠다는 생각 중, 일제 강점기의 기독교를 떠올렸고, 조선에서 선교활동을 한 새로운 인물을 찾던 중 이것도 우연히 『잉거슨 리포트Ingerson Report』를 같은 도서관에서 발견했다. 사진과 함께 있는 이 보고서는 지금은 갈 수 없는 평안북도 선천에서의 일이었지만, 일제의 만행을 간호사로 경험한 잉거슨은 매우 훌륭한 융합의 조합일 수 있다고 확신했다. 잉거슨이 기독교적 시선의 한 양상이라면, 워너는 서구의 자본주의적 시선을, 키스는 예술가의 시선을 대변한다.

필자의 관점이 사이드Edward Said와 같은 '오리엔탈리즘Orientalism'적 식민주의의 시각에서 출발했다는 것을 책을 읽는 독자들은 쉽게 간파할 것이다. 그러나 이 시각에 관한 기존의 연구는 주로 '남성성'에 주목했고, '융합적' 시도가 드물었다. 이 두 사항을 보완하고자 위의 세 여인을 선택했다. 이 서양의 세 여인들 역시 어쨌거나 '오리엔탈리즘'적 사고의 범주와 한계를 벗어날 수 없었다는 것이 필자의 결론이다. 때문에 경우와 정도의 차이는 있으나 이들이 여기에 도달하는 모습을 일종의 '사례 연구case study'로 관찰할 것을 독자들에게 권장하고 싶다. 그렇다 하더라도 미진한 필자의 글이 얼마만큼의 호응을 얻을지는 순전히 독자의 몫이다.

이 책에 담긴 모든 자료의 열람과 사용을 허락하고 사진으로 담아준 오레곤 대학교의 모든 교직원에게 감사한다. 필자를 객원연구원visiting scholar으로 받아준 아시아태평양 연구센터Center for Asian and Pacific Studies의 소장과 부소장, 오레곤 대학교 미술관Jordan Schnitzer Museum of Art 직원들과 미술사학과 찰스 라크만 교수, 그리고 나이트 도서관Knight Library 특별 컬렉션 및 대학 아카이브Special Collections & University Archives의 직원들에게 감사드린다. 키스의 판화 이미지를 저작권과 함께 제공해주신 송영달 선생님, 〈십장생도〉의 이미지를 제공해준 국립고궁박물관 박수희 학예사에게도 큰 도움을 얻었다. 서울대학교 박물관의 선일 연구원과 배재학당 역사박물관의 김혜영 씨께도 감사드린다.

이 책은 서울대학교 '인문·사회학분야해외교수연수' 프로그램의 지원을 받아 집필한 것이다. 프로젝트의 만료기간을 지키지 못한 점 심히 죄송하게 생각하며 본교의 지원에 감사드린다. 또한 초기 단계의 자료를 정리하고 아웃라인을 잡은 서울대학교 대학원 미술경영협동과정의 이유진, 샘플 책의 편집을 맡은 서양화과 대학원의 백승민, 연구실의 이재은, 이루리, 박신영 조교에게도 감사의 말을 전한다.

Foreword

This book is about the three western ladies who visited Korea during Japanese Ruling Era: Vera Ingerson, Gertrude Warner, and Elizabeth Keith. All three of these women had different professions. Ingerson was a missionary nurse and educator, Warner was a wealthy collector, and Keith was a painter. Therefore, they all had different purposes and reasons to visit Korea. They even had different birth places and ages. The only thing in common was that they visited Korea in Japanese Ruling Era around year 1920, and that each of them left documents of Korea in their own perspectives. By comparing their documents including letters and reports, photos and pictures, and books, I figured that it would be academically interesting to represent the appearance of our past.

Above all, the most of documents introduced in this book are primary sources that have never been published in Korea. There is one more thing that in common between these three women. It is that all of these primary sources from them are archived in the library and art museum of University of Oregon in Eugene. In 1984, when studying abroad in the U.S., I met Keith's paintings for the first time. I made up my mind that one day I would study her paintings. The years went on. And in 2006, I coincidentally found out that the art museum in University of Oregon has many of Keith's paintings. So I spent my 6-month sabbatical there. During the time, I also found out that about 5000 lantern slides that Warner took are archived in the library, not the art museum. Most of them were taken in China and Japan, but there were about 250 lantern slides that were taken about Korea. These Korean slides were not published even in the U.S. So, I thought that writing a book rather than a paper would be a better way to release the photos in Korea, and finally that thought came to real today.

Therefore, the most photos in this book are never-been-released original photos. Just for that matter, I believe the book already has its value. However, during the study in Oregon, I learned that Keith and Warner actually were in a very close Artist-Collector relationship and had many letters exchanged. And through these letters, I was able to gather important new facts of the time.

In the perspective of fusion, one more thing might need to be combined. I thought of the Christianity in Japanese Ruling Era, and looked for a new figure of a missionary work in Korea. Then, I found 'Ingerson Report' in the same library. This report with photos was written about Syenchun in North Korea which unfortunately is an unreachable place now. And I was confident that Ingerson as a nurse who experienced brutality of Japanese Empire could be an excellent combination of fusion.

The readers of the book could easily see through that my view has begun from the perspective of Edward Said's Orientalism. My conclusion is that these three western women also unable to break out of these category and limitation at any rate. For that reason, I would like to encourage the readers to look at these three women as a 'case study' of them reaching the limitation in different circumstances and degrees. Nevertheless, whether my writing would receive good responses or not is entirely dependent on the readers.

For this book I would like to thank following persons and organizations.

First of all, I would like to thank all the faculty members of University of Oregon for looking through, taking photos, and giving reproduction permission of all the sources used in this book. And I would also like to send special regards to Director and Assistant Director of the Center for Asian and Pacific Studies for having me as a visiting scholar, to Professor Charles Lachman of Art History Department and the faculty of Jordan Schnitzer Museum of Art, and finally to the faculty of Special Collections & University Archives at Knight Library. I would also like to express my appreciation to Dr. Song Young Dal for providing Keith's print image and its copyright, and to Park Soo Hee, a curator at National Palace Museum of Korea for providing the image of "Ten Symbols".

The study of this book is completed under the support of Seoul National University's 'Study Abroad Program for Liberal Arts Professor'. I would like to apologize for delaying the completion date of the project, and thank for all the support from SNU. I would also like to extend my gratitude to Lee Yoojin of SNU graduate school of Art Administration for organizing and outlining the early stage materials, to Paik Seung Min of graduate school of Fine Arts for editing the sample book, and lastly to my TAs, Lee Jae Eun, Yee Luly and Park Shin Young for all the assistance.

서언

시선에 갇힌 진실

생소한 승복을 입은 조선의 한 스님(그림 1)이 서 있다. 신발에는 각반을 찼으며, 권위의 상징처럼 의식 때나 썼을 법한 화려한 모자도 썼다. 오래된 흑백사진 속 그는 생소한 법복을 입은 채 서구식 쇠창살 담 옆에 서 있고 배경에는 일제 강점기의 근대건축과 우거진 나무가 보인다. 그의 시선은 사진을 향해 있지 않지만 그가 카메라의 시선을

PLATE I
KIM KU HA, PRESIDENT OF BUDDHIST COMMITTEE FOR 1917
[Page 35]

KOREAN BUDDHISM
HISTORY—CONDITION—ART
Three Lectures
BY
FREDERICK STARR

BOSTON
MARSHALL JONES COMPANY
1918

그림 1 통도사 주지스님, 김구하, 1917년

의식하고 있음을 알 수 있다. 한 세기 정도 지난 이 한 장의 사진이 21세기의 우리에게 건네는 것은 이미지를 통해 추정 가능한 시공간에 대한 정보만이 아니다. 마치 하나의 창조적 작품처럼 뿜어내는 감성이 사진을 보는 이의 시선을 사로잡아 내면을 자극할 것이다. 그렇다면 우리에게 주어진 것은 그러한 감성에 대한 무조건적 수용인가?

근대화의 물결 속에 주체적으로 이루어질 뻔한 사진의 도입은 갑신정변을 계기로 조선인에 의해 계승되지 못하고, 1900년대 초까지 대부분 일본인에 의해 들어오고 통제되었다.[1] 그리하여 당시 한국의 시대상은 대부분 일본인과 서구인이 찍은 사진으로 기록되는 등 주체성을 상실한 채 이어져오고 말았다. 타자의 시선이 개입한 것이다. 그리고 동양의 근대화, 즉 서구화를 추진했던 서구인들과 탈아입구脫亞入歐—동양을 타자로 인식, 서구를 받아들이는—정신을 토대로 정체성을 새롭게 다지고자 했던 일본인들의 시선은 이미 편견과 욕망에서 자유롭지 못하였다.

앞의 사진은 미국 시카고 대학University of Chicago의 인류학 교수로서 1911년부터 네 차례나 조선을 방문해 이곳의 역사와 풍습, 종교 등을 연구했던 프레데릭 스타Frederick Starr가 조선에서 만난 통도사의 주지스님, 김구하의 모습이다. 그리고 스타에게 김구하는 조선에서 만난 그 어떤 인물과도 견줄 수 없는 성품과 지식을 갖춘 진정한 불자였다.

사진 속 김구하는 프레데릭 스타의 김구하로서의 성격을 지니고 있다. 이곳이 정말 조선인가란 의문이 들 만큼 당대로서는 깔끔하게 정돈된 배경이 유럽의 영향을 받은 일본의 근대건축과 닮아 있다.

그 옆에 정결하게 옷을 차려 입은 스님의 모습에서 우리는 수도자로서의 진지함과 깊이를 보여주고자 했던 프레데릭 스타, 즉 사진을 찍는 주체의 시선에 영향을 받을 수밖에 없다. 그러나 곧 사진을 보고 있는 '나'의 시선 또한 개입된다. 때문에 내 의식 속에 잠재해 있는 수많은 지식과 감정이 사진 속 이미지와 중첩되어 사진을 찍는 주체의 시선을 그대로 받아들일 수 없게 만든다. 게다가 이 사진 속의 인물, 그가 지닌 성격이나 감정은 '혼을 뺏는 기계'가 가진 특별한 능력으로 인해 보는 이에게 시각적일 뿐 아니라 정신적인 정보를 건네기도 한다. 그렇다면 김구하의 이미지를 보는 오늘날의 한국인들은 스타의 시선을 넘어 무엇을 인지하게 되는가?

일제 강점기로 얼룩진 한국의 근대사 때문일까? 우리는 불자로서의 김구하보다는 그의 의복과 배경이 가진 일제적 성격을 간파할 수밖에 없을 것이다. 프레데릭 스타가 쓴 『조선 불교Korean Buddhism』가 얘기하는 한국 불교의 역사와 20세기 초의 상황—불교의 원천으로부터 멀어진 한국 불교와 기나긴 박해 동안 부패하고 가난한 모습으로 산속에 몸을 숨긴 존경받지 못하는 승려들—, 그러나 여전히 일본 불교의 개입으로 인한 가능성을 제시하며 한국 불교의 앞날에 생동감을 불어 넣는 스타의 글은 당대의 현실과 일본의 월등함을 상대적으로 인정하는 한 서구인의 자의적인 해석이 모두 들어 있다. 그리고 그가 석가탄신일 통도사에서 함께 밤을 지샌 주지스님의 모습은 마치 한국 불교를 대표하듯 『조선 불교』의 표지를 장식하고 있다. 그러나 공교롭게도 김구하는 지난 반세기 동안 친일인물로서 국내의 비난을 받아 왔다. 사진 속 의지에 찬 꼿꼿한 승려의 모습과 나라를 배신한 친일파 김구하, 도대체 무엇이 진실이란 말인가?

현실을 담는 사진이 렌즈 속에 포착하는 것을 모두 진실이라 말하기는 어렵다. 사진은 칠흑 같은 하늘을 뒤로 하고 쓸쓸히 걸어가는 거인의 모습을 묘사하거나 천상을 자유로이 배회하는 천사들의 모습을 담은 회화와는 다르다. 사진은 우리 세상에 존재하는 것, 즉 사실의 한계 속에서 자유를 찾는다. 그리고 여기서의 자유가 바로 카메라 렌즈를 통해 바라보는 눈, 그 눈이 가진 주관성이다. 시선이 가진 주관성이 '순간'과 합쳐질 때 창조해내는 것은 시공간을 넘는 내면세계와 외부세계의 상호관계이며, 이것은 사진 속 피사체를 진실과 가깝게 하기도 멀게 하기도 한다.

이 책은 사실이 원천이 되는 사진과 조선의 모습을 최대한 사실적으로 묘사하려 했던 회화, 그리고 하나로 규정지을 수 없을 만큼 많은 의도를 갖고 쓴 문서들과 수집품들을 통해 당시 서구인들의 사고를 역추적해가는 과정을 담고 있다. 그렇게 얻게 되는 그들의 사고, 선입견, 목적, 개성personality 등을 파악하게 될 때, 그리하여 이러한 그들의 주관적 시선을 통제할 수 있게 될 때, 우리는 그 자료들에서 조선의 진실된 모습을 발견할 수 있게 될 것이다.

이 책에서 다룰 3명의 서구 여인들, 베라 잉거슨Vera Ingerson, 거트루드 워너Gertrude Warner, 엘리자베스 키스Elizabeth Keith는 각기 다른 직업을 갖고 19세기 말, 20세기 초 '고요한 아침의 나라'라 불리던 조선을 각자의 시선으로 바라본다. 그리고 내면화한다. 이들이 서로 다른 목적으로 본 조선을 사진과 그림을 통해 기록하거나 기록된 자료를 수집하기에 이르는데, 이것은 과거 우리의 존재를 입증하는 중요한 자료로 남아 있다. 그리고 이제 이 검증되지 않은 자료들이 한국의 역사와 본질을 알고 싶어하는 우리에게 절대적인 권력을 갖게 되었다. 지난 한 세기 동안 빠른 경제성장을 이룬 한국은 이제야 비로소 과거로 고개를 돌릴 수 있을 만큼의 여유와 의식을 갖췄으며, 역사의 진실성을 찾고자 하는 노력이 그 뒤를 잇고 있다. 서구가 중심이 되었던 근대화의 강압적 시작은 우리가 우리 자신을 타자의 시선으로 볼 수밖에 없도록 하였고, 주체를 상실한 채 서구적 근대화를 이루기 위해, 식민주의의 희생양이 된 내 나라를 되찾기 위해 앞만 보고 달려온 한국은 이제 20세기를 재평가하여 진실을 구하고자 하는 것이다. 이렇듯 우리에게 남겨진 그들의 기록들—선교사들이 찍은 사진, 서구에 오리엔트를 알리기 위한 교육의 목적으로 사용된 랜턴 슬라이드, 일본의 통제 아래 남겨진 마지막 조선의 모습—을 통해 진정한 '우리'에 다가서기 위해서는 그들의 시선 속 한국을 다면적 시각으로 관찰할 필요가 있다.

한국의 근대화 과정에는 서구의 기독교 정신과 민주주의, 자본주의가 뿌리 깊게 잠재해 있었다. 한국의 독립마저도 서구의 기독교인들에게는 자유와 정의를 실현하기 위한 일종의 사명이었고 잉거슨과 워너, 그리고 키스도 예외는 아니었다. 당시 최대 강대국인 영국과 미국 출신으로서 여성 특유의 일상에 대한 호기심과 풍부한 감성, 특히 동정의 시선으로 한국을 보았던 3명의 서구 여인들, 그리고 정치 외교에 초점을 맞춘 오웬 데니Owen Nickerson Denny나 퍼시벌 로웰Percival Lowell조차도 기독교의 뿌리 안에서 자신들의 시선을 넓혀 나갔다. 그러나 어떠한 조직이건 추구하는 바를 이루기 위해서는 권력과

타협해야 하고 희생을 감내해야 하며 그로 인해 때로는 진실이 이리저리 비틀어진 채 흘러가버리는 경우도 많다. 또한, 인간이기에 선교사들조차 어쩔 수 없이 가졌던 인종적, 국가적 우월감으로 인해 낙후된 국가를 근대화시켜야 한다는 것을 하나의 모럴로 간주하여 택했던 한국행의 호기심이 그들의 마음 속에 내재되어 있을 수밖에 없었을 것이다.

이렇듯 종교적, 정치적, 심리적 감정들이 뒤엉킨 상태에서 그들의 시선이 포착하려 했던 것에 가까워지기 위해서는 선교사업, 의료 및 교육사업, 영미를 중심으로 한 서구와의 외교관계, 또한 이들의 일본에 대한 감정 등을 면밀히 파악하는 것이 선행되어야 한다. 다행히도 워너가 수집한 한국의 사진 이미지와 작품거래 내역, 한국을 주제로 한 키스의 판화 이미지, 잉거슨이 선교당국에 제출했던 보고서를 중심으로 필라델피아의 한국 기독교단체가 한국의 독립을 목적으로 미국에서 발간했던 『코리아 리뷰Korea Review』, 고종의 조언자였던 오웬 데니의 서신, 서구인으로는 처음으로 한국 불교를 다룬 프레데릭 스타의 『조선 불교』 외 다수의 1차 자료들이 당시 상황과 서구인들의 사고, 그들의 목적 등을 생생하고 솔직하게 드러내고 있다. 인간에 대한 이해를 토대로 이들의 자료를 검토한다면 사명감, 동정, 욕심, 애정, 호기심 등의 감정이 뒤엉켜 순수한 객관성을 잃은 채 자신들의 시선을 노출해야만 했던 당시의 서구인들을 받아들여 진실과 오해의 실타래를 풀어나갈 수 있을 것이다.

여기 거트루드 워너가 수집한 1점의 사진(그림 2)이 있다. 중국의 도시 한 거리에 앉아 있는 미국 군인들의 모습이 담긴 사진이다. 생

그림 2 중국의 미국 군인들, 연도 미상

소한 중국 도시의 거리풍경, 그들의 눈에서 호기심과 놀라움, 몇몇의 얼굴에서는 조롱과 멸시의 웃음을 찾을 수 있다. 사진 속 동양을 바라보는 건장한 서구 남성들의 시선, 이들은 선교사도 의사도 정치인도 아닌 젊은 군인들이며 동양을 보는 이들의 시선은 마치 벌거벗은 진실과도 같이 거기 그렇게 있다. 그들의 시선이 닿고 있는 광경을 알 길 없는 이 사진에서 이들의 시선만으로 짐작할 수 있을 법한 다양한 이야기와 느껴지는 감성이 있다. 동양을 바라보는 서양의 시선, 대체 이 사진을 찍은 이는 여기에 무슨 제목을 붙였을까?

1 은둔의 나라, 코리아

이름 없는 조선

조선을 '노 맨즈 랜드No Man's Land'라 부르던 이들이 있었다.[2] 이미 1600만 명이 넘는 인구를 가졌던 조선에 붙여졌던 이 명칭은 당시의 조선이 외압에 의해 당면해야 했던 엄청난 변화를 예고하고 있었다. 중국과 일본 사이에 조선이라는 작은 나라는 분명 존재했지만 존재감은 미약했다. 수천 년을 단절 속에서 살아오다가 조선 후기에 들어와서야 '지리상의 발견'으로 인해 그 존재가 서양에 알려지기 시작했고, 1876년 일본에 의한 반강압적 개방(강화조약)을 통해 조선에도 공식적인 글로벌 시대가 문을 열었다. 19세기 이전, 조선이 우연 속에서 서양과의 만남을 가졌을 때를 일본 나가사키로 가던 중 난파하여 조선에 표착했던 하멜은 다음과 같이 회상했다.

> "조선은 전 세계에 12개의 왕국밖에 없다고 알고 있으며 (…) 모두 중국 천자의 지배를 받고, 그에게 공물을 바쳐야 하는 나라들로 알고 있다. (…) 그들의 옛 기록에는 8만 4,000개의 나라가 있다고 쓰여 있지만 조선인들은 태양이 하루에 그렇게 많은 나라를 다 비출 수 없다고

얘기했다."[3]

이렇듯 외부와의 완전한 단절로 인해 매우 폐쇄적인 성향을 가졌던 조선이 처음 나라를 열었던 19세기 말 서구인들이 본 조선은 여전히 미개했고, 그 존재감 역시 희박했기에 그들은 조선을 중국의 일부로 보곤 했다. 조선뿐만이 아니었다. 당시의 서구인들은 조선, 중국, 일본을 싸잡아서 하나의 인종이나 문화로 일반화하는 경향이 있었다. 이는 단순히 동양에 대한 이해가 부족했기 때문이라기보다 유럽과 북아메리카를 중심부로, 그 외의 지역을 주변부로 보는 그들의 세계관에 의한 현상으로 볼 수 있다. 이렇듯 중심이 주변을 둘러보는 편견의 시선에는 '나'라는 확고한 기준이 세워져 있기 때문에 어느 정도 객관성을 잃을 수밖에 없다.

동양을 향한 서구의 이러한 자기중심적 시선과 그것의 문제점은 미국에서 온 외교관 퍼시벌 로웰이 1888년 출간한 책 『극동의 영혼 The Soul of the Far East』에서도 잘 나타난다. 그가 '고요한 아침의 나라 Land of Morning Calm'로 불렀던 조선은 스스로를 지킨다거나 자체적인 발전이 불가능한 무기력한 동양의 작은 나라일 뿐이었다. 로웰은 1883년 9월 미국을 방문한 조미수호통상사절단의 통역을 수행한 후, 같은 해 12월 홍영식의 초청으로 3개월간 조선에 머물면서 고종을 알현하고 당시의 경험을 글로 남겼다. 이것이 바로 1885년 출간된 『조선, 고요한 아침의 나라』로서, 조선을 지칭하는 '고요한 아침의 나라'란 말이 본격적으로 서구에 알려지기 시작했던 계기가 되었다. 지역적인 관점에서 꽤 객관적으로 조선인과 이들의 전통, 복식, 정부에 대해 쓴 위의 책과는 달리, 1888년 출간한 『극동의 영혼』에는 로웰의 시각에 대한 다양한 문제점이 제기된다. 주로 비개인성impersonality과 가부장적 시스템, 사회에서 소외된 여성의 지위 등으로 묘사된 조선에 관한 로웰의 글이 사실상 3개월의 짧은 체류기간 동안 그가 축적한 경험과 지식만을 바탕으로 전개되었다는 점이 문제의 핵심이다. 조선의 외면만을 단편적으로 보고 그 내면까지 묘사하기에 이른 로웰은 자신의 자의적인 해석을 감성적이면서도 자신 있는 문체로 내놓았다. 앵글로·색슨 남성의 시각이 여실히 드러나는 그의 글에서 중국, 일본, 조선은 하나의 인종과 성격으로 일반화되었고, 오리엔탈oriental은 옥시덴탈occidental과 반대되는 개념으로 규정지어졌으며, 그 속에서 오리엔탈은 완전하게 성장한fully civilized 서구와는 달리 아직 발육이 덜 된half-civilized 문명으로 치부되었다. 그뿐만이 아니었다. 로웰은 서구중심적 사고를 종교에도 적용하게 되는데, 이는 동양을 보는 그의 시선이 얼마나 단편적이고 경솔한지를 입증해준다.

그는 '떠오르는 태양의 나라' 혹은 '동아시아의 영국'으로 불리며 제국주의를 펼쳤던 일본을 옹호하면서도 동시에 일본의 고유종교에 대한 비판적인 시각을 감추지 못했다. 서구 문명을 세계 문명의 중심으로 규정하고 나머지 문명을 개화시켜야 하는 대상으로 보았던 로웰은 서구의 종교, 즉 기독교를 종교가 아닌 하나의 유일한 진리라 믿었던 것이다. 그리고 여기서 말하는 진리란 문명화이며 서구화였다. 제아무리 동양의 중심이고자 했던 일본 역시 그에게는 서구화를 이룩하기 위한 하나의 도구로 보였음이 분명하다. 그리하여 로웰은 일본의 불교를 기독교의 '퍼스널 네이처personal nature'와 반대되는

'임퍼스널impersonal'한 종교로 치부하였고, 그들의 토속신앙을 '신토이즘=미신'이라는 단순한 등식으로 전락시켰다. 이러한 시각은 로웰만의 것이 아니었다. 이것은 당시 주류를 이루었던 서구 남성의 전반적인 시각이었다. 그렇다면 이들의 눈에 조선이라는 미개하고 작은 나라는 어떻게 비쳤겠는가?

근대성과 문명이 전적으로 서양적인 것이라 믿었던 영국과 미국에게 조선은 말 그대로 '노 맨즈 랜드'였다. 급속하게 근대화를 추진하고 있던 일본과는 대조적으로 고요하리만큼 정체된 조선의 모습에서 그들은 그들이 깨우쳐줘야 할 미개와 원시의 사회를 보았다. 때문에 조선에 대한 서구의 시선을 파악하기 이전에 서구인들이 본 동양, 즉 오리엔탈리즘을 내포한 그들의 주관성에 초점을 맞추는 것이 이 분야의 모든 연구에 선행되어야 한다.

예를 들어, 로웰의 글을 보면 그는 서구 대 동양의 이분법적 해석을 내놓으며 서양 남자의 시선을 기준점으로 모든 것을 해석하려 했다. 앞서 밝혔듯이 '오리엔탈Oriental'을 '옥시덴탈Occidental'과 반대되는 개념으로 규정지으면서 동양을 아직 발육이 덜 된half-civilized 것으로, 서구는 완전히 성장한fully civilized 것으로 단정지었다. 이러한 시각은 당시 근대화된 동양의 국가로 좋은 기대를 받았던 일본의 불교조차도 기독교의 '인간적인 성향'과 반대되는 종교로 취급한 것과 같이, 서구가 조선에 들여온 기독교는 곧 문명의 종교였고, 이에 반하는 것은 무속신앙으로 치부해버렸다.

그들에게 비서구화된 민족은 야만인이었다. 정도의 차이는 있지만 서구권의 국가들은 동아시아의 대명사 격인 중국과 일본에 우선적인 관심을 보였다. 그들에게 조선은 그중 가장 미개한uncivilized 나라로 인식하는 가운데, 동시에 오염되지 않은uncontaminated 국가로서 더 큰 호기심이 증폭되기도 했다.[4] 그들 대부분이 지난 몇 세기 동안 한국은 중국의 속국이었으며, 아예 이런 나라가 있었는가 하는 반응을 보였다. 때문에 조선은 이제 스스로 자신을 알려야 했다.

한 예로, 다음은 1893년 미국 시카고에서 열린 "만국박람회"에서 조선을 소개하는 글이다.

> "Korea와 Corea는 둘 다 틀리지 않지만 Korea로 써 주기 바란다. 조선은 중국의 일부가 아니라 독립국가이다. 조선인은 중국어를 사용하지 않으며 조선어는 중국어나 일본어와 다르다. 조선은 미국과 1882년에 조약을 맺었다. 여기 전시된 모든 물건들은 정부의 물건들이다. 조선은 전기를 쓰고 있고 증기선, 전보를 사용하지만 아직 철도는 없다. 조선인들은 기와로 만든 지붕과 따뜻하게 데워지는 마루가 있는 편안한 집에서 생활한다. 조선의 문명은 오래되었다. 면적은 십만 평방 마일이고 인구는 천육백만이며 기후는 시카고와 비슷하다. 지리적 환경은 산이 많고 광산물은 아직 덜 개발되었으며 쌀, 콩, 밀 등의 농산물들이 많다."[5]

이 글에서 조선은 오랜 문명을 지닌 미개의 국가는 아니나, 아직도 광산물은 덜 개발되었고 농산물이 풍부한, 나름대로의 매력적인 문화적, 경제적 이미지를 간직한 국가라고 말하고 있는 것 같다. 그나마 서구의 관심을 끌어야 할 묘안이 금과 석탄 등의 광산개발을 부추기는 정도였으니, 서구인들에게 조선은 개발의 여지가 풍부한, 때문에 상대적으로 문명에 의해 더럽혀지지 않은uncontaminated 나라로 인식하기 쉬웠을 것이다.

2 시선의 패러다임 I: 문명(인)과 미개(인)

문화 식민주의

인류의 문화는 그 문화가 발을 붙여 생성되어온 시간과 공간에 의하여 절대적인 지배를 받는다. 즉, 일정한 시간과 공간을 점유하는 인간의 모든 활동—정치, 경제, 사회, 종교 등—에 따라 문화에 관한 생각뿐 아니라 문화를 둘러싼 모든 것이 다르다는 이야기다. 그 다름을 다름 자체로서 인정하지 못했던 서구 지성의 이분법적인 체계와 그 역사가 인류의 각 문화와 관련하여 얼마만한 과오를 저질렀는지 우리는 알고 있다. 지식의 형성이 권력의 표현과 관계한다는 푸코Michel Foucault의 개념이나 대중을 지배·유지하는 소수 엘리트의 조정·통제를 통하여 문화의 헤게모니가 성립된다는 그람시Antonio Gramsci의 이론을 언급하지 않더라도, 후기-식민주의적 사고와 함께 서구에서 이러한 과오에 대한 반성과 자성의 목소리가 없는 것은 아니지만 '지금-시간'의 이 시점에서도 그들의 관행처럼 굳어진 과오의 시각은 여전히 존재한다.

18세기부터 본격적으로 진행된 서구의 시간적, 공간적 문화개념은 그들의 정제精製된 문명과 관련하여 제국주의적, 자본주의적, 식민주의적 정치, 경제, 사회, 종교, 교육, 학술 등의 활동들을 합리화하는 명분으로서 적용되어왔다. 즉, 그들의 문화·문명과 대치되는 야만, 미개, 원시 등의 개념이 자리 잡게 된 것은 과학과 인식에 토대를 둔 그들과 비교하여 그들과는 다른 문화·문명을 그 자체의 속성을 지닌 '다름'으로서 인정하지 못한 데서 비롯되었다.

거기에 진화론進化論은 이러한 이분법의 세계를 더욱 가속화했다. 진화의 정도는 시간과 공간의 절대적인 상황에서 결정되는 것이므로, 비록 같은 시간, 시대에 존재하는 인류라 할지라도 지역의 차이에 따라 더욱 진화된 문명인이 있는가 하면 아직 진화가 덜 된, 따라서 야만적이고, 미개하며, 원시생활을 하는 인간도 문명인들과 동시대에 존재할 수 있다고 믿는다.

여기서 우리는 두 가지 명확한 사실을 주목할 필요가 있다. 첫째, 문명인들 자신은 현 시대에 살고 있음을 믿으면서도, 같은 시대에 살고 있는 미개인은 과거를—혹은 아주 옛날 그들이 살았던 시대와 비슷한 과거를—살고 있다는 시간상의 불일치가 문화의 우열을 따지는 개념 속에 포함되어 있다는 사실이다. 둘째, 중심으로서의 문명인은 주변으로서의 미개인을 항상 어떠한 '대상object'으로 파악한다는 사실이다. 이성과 합리, 과학과 테크놀러지로 무장한 문명인이 대상을 보는 시각은 물질적이고 재료적이며, 차갑고 냉정하며, 객관적이다. 바로 이 두 사실이 문화식민주의의 지배논리와 그 논리의 학술적인 타당성을, 즉 권력과 헤게모니의 표현을 지식의 자연스런 형성인 것처럼 포장한 핵심 인자因子이다.

'중심'과 '경계'에 관한 논의가 후기-식민주의적 관점과 함께 여러 분야의 학문에서 활발하게 벌어지는 요즈음, '중심'과 '경계'에 대하여 논의한다는 그 자체가 우스꽝스럽기도 하다. '다름'은 다른 대로 같은 시간선상의 여러 지평에서 자연스럽게 만나고 헤어지는 것이지,―지금껏 그래왔고 앞으로도 그럴 것이지만 그렇게 생각하지 않았던 것은 그들이므로―스스로 거리와 선을 그어놓고 지금 와서 새삼스럽게 모든 것을 허물고 자성自省과 관용寬容의 목소리인 양 사이 좋게 지내자는 그들 스스로의 논리는 또 다른 경제 제국주의적 질서가 재편되는 이 시대의 '후기-식민주의'를, 과거의 식민주의적 패권을 유지하고자 하는 고도의 정치, 사회, 경제, 문화적 전략일 수 있다는 생각도 해야 할 것이다. 사이드Edward Said의 주장처럼 '비식민주의화decolonization'의 여정은 아직도 끝나지 않은 인류의 숙제이다. 제국주의적 질서와 문화, 이데올로기의 구조는 그 양상을 달리할 뿐 여전히 존재한다. 특히, 제국주의적 세계의 국제경찰인 양, 경제깡패조직의 대형大兄인 양 중구난방으로 설쳐대는 미국은 그 양상을 달리한 신-식민주의적, 후기-식민주의적 질서의 재편성을 마치고 20세기 후반 이후의 세계를 주무르는, 과거의 영국, 프랑스, 독일 등 유럽 강대국들과 같은 존재이다. 일본과 한국의 관계 역시 이러한 입장에서 아직 끝나지 않은 게임이다.

근대 일본의 민족주의적, 제국주의적 성격은 서구 유럽의 열강들보다 더욱 공격적이었다고 말할 수 있다. 유럽의 각 열강이 그들 세계 내에서의 국제적인 관계로 인한 갈등의 증폭에서 국가주의적 독립성을 획득하려 했으며, 이러한 이유로 '전쟁'은 국제적인 그들 질서 안에서 구조적이며 중요한 수단으로 자리 잡게 되었으며, 그들 스스로의 국가적 성격을 더욱 강화하는 동시에 그들의 힘을 유럽 이외의 지역으로 확산한 반면, 일본의 경우는 그 성격이 다르다. 오랜 고립상태를 거친 일본이라는 국가는 국제관계에 있어서의 형평성이라는 개념 자체가 전혀 존재하지 않았다. 그런 상태에서 갑작스런 외세의 침투현상을 통해 바라본 국제적인 질서를 힘이 우세하거나 열등한 단순구조로 파악했으며, 때문에 국제 관계에 있어서의 갈등을 '정복자'로서, 아니면 '정복당하는 자'로서의 양자택일이라는 극단주의적·생멸주의적 해결책으로 치닫는 양상을 보였다.

유럽의 제국주의적 모델을 그 기반으로 하는 이러한 증폭된 양상은 한국, 대만과 만주, 태평양 전쟁 이후의 미얀마, 인도네시아, 필리핀 등에 적용되었다. 대영제국의 식민통치가 그러하듯, 일본화된 한국, 대만, 미얀마 등은 그들의 정체성을 확인하고 알리려는 국제주의적 노선의 첫 발걸음부터 철저하게 차단당했으며, 언어를 포함하여 완벽한 일본에의 동화同化를 요구하면서도 주인으로서의 일본인이 될 수 없었으며, 기원이 확실한 그들의 삶의 터전을 빼앗기거나 벗어나 중국, 러시아 등의 변방을 맴돌아야만 했다.

프레데릭 스타의 『조선 불교』

이 책의 글머리에 조선을 찾은 서양의 세 여인보다 프레데릭 스타를 먼저 등장시킨 특별한 이유가 있다. 흥미롭게도 통도사의 주지스님이었던 김구하의 사진뿐만 아니라 『조선 불교』에 실린, 스타가 찍은 대부분의 사진을 거트루드 워너가 소장하고 있었다는 사실 때문이다. 언제부터인지는 정확하게 알 수 없으나 그 둘은 서로 알고 지내는 사이였다. 한 예로, 조선 불교와 상관없이 일본에서 스타를 찍은 사진(그림 3)이 워너의 소장사진 목록에 포함되어 있다. 워너 역시 여러 번 일본을 방문했고, 일본 문화에 매료되었으므로 거기에서 스타를 만났을 가능성이 크다. 또한 같은 시카고 지역 출신인지라 스타의 대중을 상대로 한 강연을 경청한 후, 그에게서 랜턴 슬라이드들을 워너가 구입한 것일 수도 있다. 어찌되었건 극동 아시아의 세 나라에 대한 관심을 공유했던 두 사람이 서로 알고 지냈다는 사실은 명백하다. 워너의 조선에 관한 정보와 일본에 대한 모든 영향은 기본적으로 스타에게서 온 것이 확실하다.

『조선 불교』는 저자 프레데릭 스타Frederick Starr가 세 번에 걸쳐 미

그림 3 일본에서의 프레데릭 스타, 1910년대

국에서 발표한 강연을 책으로 묶은 것이다.[6] 스타(1858-1933)는 미국 시카고 대학University of Chicago의 인류학과 교수였다. 유럽보다 한발 늦었지만 미국의 인류학자로서 스타도 당시의 고고학자나 인류학자들처럼 세계 각 나라의 인종과 종교, 생활과 문화를 타자의 시선으로 연구하는 학자들 중의 한 사람이었다. 스타는 한때(1889-1891) 뉴욕에 있는 미국자연사박물관American Museum of Natural History의 큐레이터였다. 이 경험을 토대로 그는 조선을 방문하기 전에도 미국의 인디언들을 비롯하여 중앙 아프리카의 피그미족, 필리핀의 원주민들, 일본의 아이누족에 이르기까지 서양인의 시선으로 바라본 세계의 다양한 미개인종과 그들의 문화를 비교연구하기 위한 '현지조사field study' 위주로 미국 인류학계에서 명성을 쌓은 인물이었다. 그는 진정한 학자로서의 자질보다는, '포퓰리스트 교육자populist educator'로서 대중적인 강연을 통하여 여러 '필드'에서 생생하게 찍어온 사진들을 보여줌으로써 많은 인기를 끌었다. 환등기와 랜턴 슬라이드lantern slide는 대규모의 청중들에게 동시에 이미지를 전달할 수 있기 때문에 당시에는 획기적인 교육매체였다. 이 매체는 책의 앞뒤 문맥을 읽어가며 얻을 수 있는 '리니어 프로세스linear process'의 정보량보다 훨씬 효과적으로 청중들과 소통할 수 있는 장치였으며, 스타는 이 매체를 적절하게 사용하며 많은 청중들에게 미지의 세계를 소개하는 대중적 학자로서의 인기를 끌었던 것 같다. 물론 이 매체의 기본이 사진임은 말할 필요도 없다.

과학적 학술로서의 적나라한 미개(인)의 현장을 답사research하고, 사진에 담은 그 기록이 학문이 되는, 이러한 측면에서 그는 당대의 전형적인 '오리엔탈리스트orientalist' 지식인이라 할 수 있다. 그가 몸소 어렵사리 체득한—다소 영웅적인 체험담을 곁들인—미지의, 미개의 현장들을 문명인들에게 사진의 사실로 보여주는 것 자체만으로도 스타의 인기는 대단했다.

스타는 일본을 특별히 좋아했다. 그는 1911, 1913, 1917, 1919, 1923년에 일본을 방문했으며, 산악인도 아닌데 후지산 정상을 세 번이나 올라갔다. 물론 일본에 올 때마다 스타는 조선을 들렀다.[7] 그의 일본 이름은 '오푸다 하쿠시 Ofuda Hakushi'였고, 시카고 대학의 교수직을 퇴임하고는 아예 일본에 거주하였으며, 그곳에서 죽었다. 그의 각별한 일본 사랑의 이유는 여기서 논의할 내용은 아니다. 다만, 조선에 대한 스타의 전반적인 '아우라'도 그렇기 때문에 역시 일본인들을 통하여 형성되었다. 때문에 조선의 불교에 대한 그의 관심과 태도, 나아가 연구 방향도 일본인들에게서 영향을 받을 수밖에 없었다. 『조선 불교』의 내용 도처에 이러한 영향이 보이는 것은 그의 이 '필드 프로젝트 field project'가 일본인들에 의존하여 이루어질 수밖에 없었기 때문이다.

그가 이 책을 출판한 1918년 전까지만 해도 한국 불교에 관한 외국어 서적은 거의 존재하지 않았다. 이 책은 서구에 동양을 학습시키기 위한 것으로 특히 영어권의 나라들에서 이 분야의 학술 활동이 희귀하다는 것을 안 스타는 1911년부터 네 번에 걸쳐 조선을 방문하여 나름대로는 철저하게 자료를 수집해갔다. 때문에 책의 서문에서 세 번에 걸친 그의 강연과, 강연 동안 그가 자료로 보여준, 실제로 직접 찍은 다양한 사진들을 통해 당시까지만 해도 '처녀지 virgin field'였던 조선 불교를 소개한다고 매우 자랑스럽게 언급했다.[8] 그는 일본인 사진

그림 4 경주 석빙고의 스타 일행, 1910년대

사를 늘 동행하고 다녔다. 사진사의 이름은 '마에바시 함베이 Maebashi Hambei'였는데 그는 스타의 네 번 조선 여행 중 세 번을 동행했다.[9] 물론, 그 둘은 서울이나 지방에서 그 지역의 일본인 경찰관과 관리들의 안내를 받았으며, 조선인 통역사도 대동했다. 위의 사진(그림 4)은 스타 일행이 경주의 석빙고를 방문하고 찍은 사진인데, 일본인 경찰관들과 조선인 통역사를 대동했음을 알 수 있다.

수원성의 동장대를 배경으로 찍은 사진(그림 5)은 스타와 함께 무려 9명이나 되는 일본인 관리, 군인, 경찰관이 대동한 것으로 보아 이 미국인에 대한 총독부의 예우가 매우 극진했음을 알 수 있다. 지역에 따른 여행의 상황에 따라 동행한 인원이 달랐겠지만 현지의 경찰관들을 대동하는 것이 꼭 외국인의 여행객을 보호하는 차원만은 아니었다. 오히려 외국인들의 여행을 철저하게 관리, 감독함으로써

그림 5 수원성 동장대의 스타 일행, 1910년대

현지인들과의 문제의 소지가 있는 대화와 접촉을 차단하고자 하는 이중의 목적을 가졌다. 스타 역시 이러한 이중의 정치적 목적이 일본인들에게 있음을 알았지만, 기본적으로 조선과 조선인을 미개의 상태로 파악하고 그들을 통치하는 문명의 일본을 긍정적으로 바라보는 한, 그가 일본인들에게서 받는 조선에서의 극진한 대접은 지극히 당연한 것으로 여겼다.

스타는 조선의 유명 사찰들을 여행하면서 당시로서도 서구인들에게 희귀했던 방대한 양의 불교 관련 자료들뿐만 아니라, 고고인류학적·문화적 가치가 있다고 판단한 자료들을 사진으로 찍어갔다. 예를 들어, 선사시대의 고인돌을 관찰하는 오른쪽의 사진(그림 6)에는 스타와 일본인 관리, 조선인 통역관, 그리고 그 뒤에는 아마도 스타

그림 6 고인돌을 관찰하는 스타 일행, 1910년대

가 타고 온 당나귀와 마부가 보인다. 이 사진의 장소는 강화도 부근리 점골의 지석묘로 추정된다.[10] 고인돌의 지주에 해당하는 돌판을 만지고 있는 또 한 사람의 신사복 차림을 한 남성은 일본인 고고학자일 것으로 추정하며, 스타는 아마도 그의 안내를 받아 이곳을 답사했을 것이다.

스타는 『조선 불교』의 서문에서 『조선왕조실록』과 『조선고적도감』을 언급하는데, 그 내용의 핵심은 일본인들이 조선의 문화재를 체계적으로 잘 관리하게 되었다는 것이다. 즉, 문화재에 대한 인식이 부족한 조선인들의 손에서 사라져 버릴 운명의 국보급 문화재들이 문명화된 일본인들의 손에 의하여 비로소 제 값어치를 알게 되었다는 것이다. 스타가 접한 이러한 문화재들에 대한 내용과 판단은 당연히 일본 학자나 총독부의 일본 관리들로부터 수집한 정보들이었다.[11] 한편 스타는 이 책을 그의 친구이자 학생인 도쿄의 "Oguri san"(오구리상)에게 헌정했다. 이 헌정의 의도로만 보더라도 그의 일본(인)에 대한 애착을 짐작할 수 있으며, 그가 조선의 불교를 연구하고 실제의 현장인 여러 사찰을 답사했음에도 불구하고 그의 저서, 『조선 불교』에는 서구인의 직접적인 시선보다 오히려 일본을 통한 '시선의 정치학'이 깊게 내재되어 있었다.

한편, 스타는 당시 조선 불교의 쇠퇴만을 지적한 다른 선교사와는 달리 강원의 학승들이 증가하고, 불교서적의 출판이 활발해졌음을 예로 들면서 조선 불교의 생동감을 강조하기도 하였다.[12] 특히 이능화(1869-1945)의 불교 학술활동에 극찬을 아끼지 않았으며, 그의 모든 저술을 참고했다. 스타는 이능화가 편집인이었던 『불교진흥회월보』, 『불교계』, 『조선 불교총보』 등의 당시의 불교잡지들을 알고 있었으며, 그의 『조선 불교』에서 언급했듯이 이능화의 『조선 불교통사』를 특히 중요하게 취급했다.[13] 그러면서도 총독부가 조선에서 발행되는 모든 출판물을 검열한다는 것을 알았으며, 불교를 포함한 모든 종교 서적도 검열의 대상이었음을 그의 책에 밝혔다.[14]

스타가 살펴본 조선의 불교는 그 역사가 매우 복잡하고 기복이 많았으며, 무지했지만 깊이가 있고, 무속신앙과 뒤섞여버렸지만 그 본연의 정신을 잃지 않았음을 강조했다. 조선시대의 불교정신이 완전히 사라지지는 않았지만 결속력이나 화합이 결여된 채 각각의 사찰이 자생적으로 살림을 꾸려나가 결국 가난과 무지 속에서 멸시받아 지금에 이르렀다고 진단했다. 또한 조선의 불교는 여러 종파로 나뉘어 완전한 교리가 있는 일본의 불교와는 다르게 선禪종과 교敎종의 두 종파만이 존재는 하나 그 둘의 정확한 교리나 교의도 없이 마구 뒤섞여 있다고 보았다. 그러나 무엇보다도 승려들 사이의 무지와 부도덕함을 가장 큰 문제로 지적하였다.

그리하여 스타는 조선 내에서 불교를 재생하려는 움직임이 자체적으로 일어나는 것처럼 언급하면서도 이러한 문제점들을 해결하기 위해 조선의 불교는 일본과의 정치적 연관성을 가져야 함을 역설적으로 주장한다. 일본이 조선을 장악한 후 일본의 많은 불교인들이 넘어왔으나 조선 불교와의 화합의 장은 이뤄지지 못했다. 이는 조선 불교의 배타적 성격과 결속력 때문이나, 그렇다 하더라도 일본인들은 그들의 원활한 정치적 "플레이play"를 위해서 조선 불교와의 우호적인 관계를 유지하는 것이 중요하다고 스타는 조언한다.[15]

이러한 입장을 반영한 당시 조선 불교의 최고 지도자로 스타는 김구하를 꼽았고, 그래서 그의 사진(그림 7)을 자신의 저서 첫 장에 실었다. 그에게 김구하는 조선 불교의 단합과 통합을 주도한 헌신적인

그림 7 삼십본산연합사무소 위원장, 김구하, 1917년(그림 1의 원판 사진)

지도자였다.[16] 조선 불교계의 혁신 지도자로서 자연스럽게 김구하가 등장하지만 거기에 사실상 일본의 개입이 있었음을 스타는 언급하지 않았다.

김구하(1872-1965)는 어떤 인물이었는가? 일제시기 그는 양산 통도사의 주지스님으로 1917년부터 3년간 '삼십본산연합사무소' 위원장직을 맡았다. 강대련, 이회광 등과 함께 그는 대표적인 불교계 친일세력이었다. 한일합방 이후 민족적 자각을 상실한 이들 모두는 일본을 등에 업고 조선 불교의 옛 영광을 되찾겠다는 승려들이었다. 이들은 서울에 대지를 매입하고, 거기에 사찰과 함께 '연합사무소' 건물을 신축했고, 그 소요 자금은 각각의 삼십본산에서 각출했다.[17]

한편, 당시 총독부의 조선 불교정책은 어떠했는가? 1911년 6월 조선총독부의 '사찰령寺刹令'에 의해 조선의 모든 사찰은 일제의 직할 통치체계가 되었다. 이후 조선의 모든 사찰의 이전과 폐지, 인사권 및 재정권을 총독이 완전히 장악하게 되었다. 종지宗旨와 의식儀式문제까지도 간섭하고 규제함으로써 조선 불교의 내용과 성격을 바꾼 사찰령은, 한국의 불교를 변질시키는 결정적인 원인이 되었다.[18] 그러나 일본 특정 종파에 예속되는 것을 막아주고 조선 초기의 불교 전통을 계승시켜주겠다는 총독부의 정책에 고무된 당시 불교계는, 조선의 불교를 보호한다는 미명하에 친일화하려는 일본의 의도를 간파하지 못했다. 일부 승려들은 당시의 총독 데라우치를 조선 불교의 은인으로 찬양하며 천황의 성은에 감격하는 글을 발표하기도 하였다. 특히 본사의 주지로서 대표적인 사판승이었던 강대련, 이해광, 그리고 김구하 등의 주지승들은 이에 호응하여 경쟁적으로 친일에 앞장섰다.[19] 그중 김구하는 앞서 밝혔듯이 1917년에 불교계 수장 격인 '삼십본산연합사무소' 제3대 위원장으로 선출되었으며, 같은 해에 강대련, 이해광 등과 함께 불교시찰단으로 일본을 방문하기도 했다. 그는 당시 『조선 불교총보』에 조선 승려가 총독 정치의 은총으로 종교인의 권리를 향유하고 있다는 주장을 펼치기도 했다.

향후 1930년대에 이르러 불교계의 통일기관이라고 할 수 있는 '총본사' 설립마저 일제의 지원으로 이루어지자 조선 불교는 철저하게 친일화·어용화되는 길로 들어선다. 물론 '총본사' 운영의 핵심 인물은 김구하 등과 같은 친일 성향의 본사주지들이었다. 사찰의 실질적인 주요 권한을 총독이 장악함으로써 불교계는 친일적인 성격의 식민지 종교로 전락하여 시국강연회, 국방헌금의 모금과 납부 등에 적극 참여하게 된다. 그로써 조선의 불교신앙은 일제의 정치적인 통제에서 벗어날 수 없게 됨과 동시에 내선일체內鮮一體로 대변되는 조선인 말살정책의 노선을 걷게 된 것이 당시 상황이었다.[20] 김구하는 여기의 대표 인물이었다. 스타는 김구하의 이러한 전력과 활동을 오히려 높게 평가함으로써 시선에 따른 정치적 입장이 서로 다름을 여실히 보여주었다. 그가 찍은 김구하의 사진에는 이러한 '시선의 정치학'이 사진 너머 존재하고 있다.

스타는 당시의 중요한 사찰들을 대부분 방문하여 사진으로 남겼다. 그의 저서에 수록된 사진들 외에 워너가 소장한 사진들 위주로 당대의 모습을 살펴보자. 그가 다룬 김구하의 비중을 감안하여 남쪽에서부터 그가 방문한 사찰들은, 불국사, 범어사, 통도사, 해인사, 송광사, 직지사, 관촉사(논산 은진미륵), 법주사, 금산사, 용주사, 봉은사, 회암사(무학대사비, 경기 양주시), 신계사(금강산), 유점사(금강산), 석왕사(금강산) 등으로 문화재와 관련한 전국의 주요 사찰을 거의 모두 답사한 셈이다.

김구하로 인하여 통도사와 스타의 인연은 각별했다. 그는 특히 1917년 사월 초파일 전날 양산 통도사에 도착하여, 부처님 오신 날의 모든 사찰 행사를 참관했다. 스타는 신도들이 운집한 행사장면을 그의 저서의 그림으로 사용하지 않았다. 반면 그의 저서에 그가 본 그날의 감격을 다소 상세하게 소개하며, 그가 조선에서 접한 가장 생동감 넘치는 광경이었다고 술회했다.[21] 워너가 소장한 사진으로 당일 행사와 관련한 서너 장의 사진이 더 있는데, 스타가 저서에서 언급한 것처럼 절 마당에 빼곡하게 운집한 1만 5,000여 명의 인파를 말해주는 듯, 그 인파 한가운데 어떤 나이든 여성 신도가 제단을 향해 합장하고 있는 광경(그림 8)과 머리에 두건을 쓴 대부분의 여성 신도들이 절 마당의 사방 곳곳에 모여 있는 다른 앵글의 사진(그림 9)도 있다. 스타는 또한 제단의 상차림이 신기했는지 한 동자승을 옆에 두고 향로와 촛대 등의 제기들과 음식을 층층이 높게 쌓아 가지런히 진열해놓은 사진(그림 10)도 찍었다. 또한 법당 앞에 부처님의 대형 탱화를

그림 8 사월 초파일의 통도사, 1917년

그림 9 사월 초파일의 통도사, 1917년

그림 10 사월 초파일의 통도사 제단 상차림, 1917년

그림 11 사월 초파일의 통도사 탱화, 1917년

마당에 걸어놓은 광경의 사진(그림 11)도 있는데, 이 사진은 법주사의 대형 탱화를 땅바닥에 펼쳐놓고 찍은 사진과 함께 스타의 저서에 수록되어 있다.[22]

일제 시기 조선을 찾은 외국인들이 가장 많이 여행한 곳은 금강산과 경주였다. 경주는 일제의 침탈과 도굴 등으로 많이 훼손되었지만 그나마 옛 신라 고도로서의 유적들을 모습 그대로 간직하고 있기 때문인데, 일제는 그들이 지배한 식민지 조선의 역사와 문화를 특히 외국인들에게 알리기 위한 장소로서 이곳을 내세웠다. 한 예로, 1926년 10월 스웨덴의 황태자였던 구스타프 아돌프Gustav Adolf가 경주를 방문하여 노서리의 한 고분을 발굴하는 사진(그림 12)이 있다. 동양의 고고학에 관심이 많았던 황태자는 일본으로 신혼여행을 왔는데, 마침 경주에서 서봉총의 금관이 발굴될 것을 예견한 일본 황실은 그에게 직접 참여해볼 것을 권유했다. 일제로서는 전혀 힘들이지 않고 코 푸는

그림 12 경주 서봉총의 스웨덴 황태자 구스타프 아돌프, 1926년

정치적 제스처였지만, 황태자는 감격하여 곧바로 경주로 달려가 서봉총의 금관을 직접 발굴해내는 듯한 고고학적 연출의 주인공이 되었다. 위의 사진은 바로 그 현장을 포착했고, 왼쪽의 무릎을 꿇고 안경을 쓴 남성이 황태자다. 조선의 역사와 유물로 생색은 일본이 낸 것이다. 식민지의 설움이란 것이 바로 이런 게 아닐까?

스타 역시 경주를 여행했다. 특히 불국사와 석굴암을 그의 사찰 답사에서 제외시킬 수는 없었다. 그의 저서에는 수록되지 않았지만 스타의 일본인 사진사가 찍은 것으로 추정되는 사진들 가운데 워너가 소장한 네 컷의 랜턴 슬라이드를 소개한다. 먼저 토함산을 배경으로 첨성대와 고분군의 굴곡이 아련하게 보이는 경주의 전경 사진(그림 13)이 있다. 마치, 스타가 그의 저서 첫 페이지에 언급한 "은둔의 왕국The Hermit Kingdom"에 딱 들어맞는 그런 풍경이다. 거기에 황량한 벌판에 세월과 함께 퇴락하여 잡초만 무성한 분황사지 3층석탑(그림 14)도 여행자의 이국적 정취의 심금을 울리기에 적절한 대상이었을 것

그림 13 경주 전경, 1910년대

그림 14 분황사지 3층석탑, 1910년대

이다. 아마도 스타는 이 탑을 보고 나라를 빼앗긴 퇴락한 조선의 현실이 이러려니 했을 것이다.

퇴락의 현실은 불국사(그림 15)도 마찬가지였다. 사진에서 석축들은 붕괴되었거나 곧 붕괴될 듯 축대 사이사이가 어긋나 있기도 하다. 마치 '퇴락의 현실'을 의도적으로 카메라의 시선으로 잡아내려는 것 같기도 하지만, 어쨌든 카메라에 잡힌 당시의 현실은 퇴락임에 틀림없다.

석굴암(그림 16)의 퇴락은 더욱 가관이었다.[23] 사진사는 불상을 정면으로 보고 정확한 대칭으로 구도를 잡은 근거리의 현장을 세밀하게 찍었다. 허물어져 내리는 천정을 그나마 통 돌의 아치가 지탱하는데, 불상 앞에 널브러져 있는 파편의 석재와 기와들, 가히 문화재에 대한 조선의 수준을 가늠할 진풍경이 아니던가? 천정을 떠받치는 원통의 두 지주는 또한 어떠한가? 사진의 상태가 좋아 지주에 써놓

그림 15　불국사, 1910년대

그림 16　낙서투성이의 석굴암, 1910년대

그림 17 대장경 원판, 1910년대

은 낙서의 한자들을 읽을 수 있는데, 김金 아무개와 최崔 아무개가 다녀갔음을 남겼고, 더 웃지 못할 훼손의 모습은 "보성중학교수학여행단寶成中學校修學旅行團"의 선연한 필적이다. 선조들이 남긴 문화재에 대한 인식이 아무리 부족했다 하더라도 당시의 교육이 어떠했길래, 누가 이런 필적을 남겼을까? 민족교육을 자처한 '보성'의 수준이 이 정도이니 천 년을 지킨 바로 앞의 부처님께 죄송하고, 일본인들 욕할 것도 없다.

합천 해인사를 방문한 스타의 관심은 팔만대장경에 있었다. 그의 저서에는 대장경의 문화재적 가치를 알고 그것을 보존하려는 일본인들 칭찬 일색이다. 대장경을 국보로 지정했으며, 그 보존을 위해 별도의 독채 건물을 배정한 총독부를 칭찬하며, 이 건물의 외부와 대장경이 꽂혀 있는 내부 모습의 사진을 그의 저서에 수록했다.[24] 또한 대장경이 세계적인 문화유산이므로 몇 년 전, 데라우치 총독의 명령으로 몇 개의 복사본을 찍어 한 부는 일본의 천황에게 보냈으며, 또 한 부는 교토의 사찰, 센유지Senyu-ji에 보관시켰음을 기술했다.[25] 물론 이 정보의 출처가 일본 관리였을 것이라는 사실은 너무나 자명하다. 워너는 스타의 저서에 수록되지 않은 대장경 낱개의 원판 사진(그림 17)을 소장했다.

전주 모악산의 금산사를 방문한 스타는 그곳의 사리탑에 관심이 많았는데, 탑 자체에 대한 관심보다, '사리'라는 것의 과학적 실체에

그림 18 금산사 방등계단 사리탑, 1910년대

그림 19 금산사 미륵전, 1910년대

그림 20-1, 그림 20-2 금산사 사리탑의 현재 모습

대하여 매우 궁금해했다. 그의 저서에 실린 사진에는 부처님의 진신 사리를 모신 방등계단 사리탑方等戒壇 舍利塔(그림 18)은 안 보이고, 그 앞의 5층석탑만 보인다. 워너가 소장한 사진, 금산사의 미륵전(그림 19)은 국보 62호이며, 사리탑과 5층석탑은 각각 보물 26호와 25호로 지정된 적멸보궁의 주요 문화재임을 스타는 알았다. 현재의 사리탑(그림 20-1, 그림 20-2)과 스타의 사진과는 격세지감隔世之感의 모습으로 무엇이 문명이고 무엇이 미개인지에 관한 회의와 혼돈을 불러일으키는

것 또한 사실이다.

스타는 '사리'에 관심이 많았다. 한 예로 금강산 유점사의 사리탑들을 돌아보면서 입적한 고승들의 화장장 이후 재와 함께 그들의 몸에서 "보석"같이 작은 "혼합" 물질이 남아 그것을 탑 안에 보관했다는 사실을 매우 궁금하게 여겼다.[26] '사리'의 실체에 관한 궁금증을 스타는 전라남도 순천의 송광사에서 풀었다. 당시 송광사는 스타의 눈에도 매우 부패하고 퇴락했던 모양이다. 스타와 동행한 일본 경찰관이 절의 사리탑 터에서 탑 안에 사리가 들어 있을 것을 믿지 못하자, 그들을 안내한 승려는 한 사리탑을 즉석에서 해체·분해했다. 그 안에서 몇 겹의 보관 장치들을 풀어헤치고 드디어 '사리' 돌들의 실체를 확인했음에도 스타는 여전히 그 실체가 무엇인지 의심한다. 그러나 "탑 안에 '사리sari'라 일컬어지는 '사리 돌sari stones'들이 존재하는 것은 확실하다"고 실토한다.[27]

논산 관촉사의 은진미륵불은 그 압도적인 크기로 인하여 항상 외국인의 볼거리였다. 이미 1880년대부터 조선을 찾는 서양인들의 사진과 그림으로 그 명성을 갖추었으니, 워너가 소장한 스타의 사진(그림 21)도 그중 하나다.[28] 스타는 암자와 미륵불을 품은 산등성이의 전반적인 풍경을 먼 거리에서 잡았다. 야외의 입상 미륵불이 어림잡아도 15m를 넘으니, 당시의 카메라로 불상 전체를 담으려면 꽤 먼 거리에서 찍어야 했을 것이다. 당시로서도 한 눈에 보아도 그 위치가 명당자리임을 알겠으나, 그런 생각으로 카메라의 앵글을 잡은 것 같지는 않다. 스타는 특히 이 미륵불에 얽힌 설화들을 비교적 장황하게 기술했다. 그러면서 조선의 미륵사상이 그들의 자연과 어떻게 합쳐

그림 21 관촉사 은진미륵불, 1910년대

져 이야기가 만들어졌는지 주목해보았다.[29] 각 사찰의 연기설화緣起說話는 그 지역의 민간신앙과 관련하며, 그 민간신앙은 또한 자연스럽게 그 지역의 자연물들과 교류하는 것이 조선의 전통인 것을, 스타는 단지 과학적이지 않은 무속의 차원에서 접근하려 했다.

스타와 마찬가지로 은진미륵불은 대부분의 서양인들에게 조선을 대표하는 원시종교의 표상처럼 받아들여졌다. 때문에 조선을 다룬 그들의 여러 '여행기' 저술에 단골 메뉴처럼 등장(그림 22)하고,[30] 심지어 미신과 우상숭배의 대상으로 조선의 우화寓話를 소개하는 책에도 그림으로 등장(그림 23)한다.[31]

한편 관촉사 입구에는 "대정운사"라는 사찰터가 있었는데, 스

그림 22 『동양견문록(Glimpses of the Orient)』(1897)에 실린 은진미륵불 판화

But the Wind was not half so proud as the Mole Father had expected to find him. Very modest, almost bashful seemed the Wind, as he confessed that before Miryek, the colossal stone image, his power was naught.

"Why, I smite that Great Stone Face and its eyes do not even blink. I roar in his ears, but he minds it not. I try to make him sneeze, but he will not. Smite him as I may, he still stands unmoved and smiling. Alas, no. I am not the grandest thing in the universe, while Miryek stands. Go to him. He alone is worthy to marry your daughter."

By this time the Mole Father was not only footsore and weary, but much discouraged also. Evidently all appreciated his shining daughter; but would he be able, after all, to get her a worthy husband?

He rested himself a while and then proceeded to Miryek, the colossus of granite as large as a lighthouse, its head far up in the air, but with ears ready to hear.

The Mole Father squeaked out compliments to the image as being by common confession the greatest thing on earth. He presented his request for a son-in-law and then in detail mentioned the accomplishments of his daughter, sounding her

With patience Miryek listened to the proud father.

그림 23 『조선우화집(Korean Fairy Tales)』(1922)에 실린 은진미륵불 삽화

타는 그 터에 덩그러니 놓인 비로자나 석불(그림 24)의 촬영도 잊지 않았다. 통통한 부처님의 얼굴이 압권인 이 석불은 특히나 굵고 대담한

그림 24 관촉사 입구 비로자나 석불, 1910년대 그림 25 현재의 비로자나 석불

선의 굴곡이 좋다. 부처님 코의 윤곽도 선으로 처리하고 "U" 자형의 턱 선이 특히 선명하다. 지금은 관촉사 입구의 오른편 마을 안 어느 집 마당에 옮겨 놓았는데(그림 25), 동네 사람들은 은진미륵보다 먼저 조성된 이 석불이 푸근한 어머니상이라 "은진미륵 어머니부처상"으로 부른단다.[32]

미륵불은 이렇게 꾸미지 않은 미륵신앙의 투박한 아름다움을 재현한 민간인들의 불상인데, 스타는 경기도 안성과 파주의 "쌍미륵불"도 찾아갔다.[33] 파주 용암사 쌍미륵불의 사진은 스타의 저서에는 없으나 워너의 소장목록에는 있다. 안성 미륵불의 사진(그림 26)도 스타의 저서에는 없으나 워너가 소장했다. 파주의 쌍미륵불은 산속 거대한 바위의 일부를 깎은 것이므로 지금도 불상과 그 주변의 풍광이

그림 26 안성 미륵불, 1910년대

그림 27 현재의 안성 미륵불

여전한데, 안성의 미륵불은 그렇지가 못하다. 옛 사진에는 황량한 들판에 불상의 이미지치고는 색다르게 예쁘고 여성스러운 미륵불과 조금은 근엄한 자태의 남성스러운 석불입상이 마치 부부처럼 나란히 서 있다. 그래서 스타가 그의 저서에서 "커플the couple"이라 불렀을 수도 있다.[34] 그러나 안성시 아양동 시내에 있는 지금의 불상(그림 27)은 스타의 사진 풍경과는 전혀 연결이 될 수 없는 그런 격세지감의 모습으로 서 있다.[35]

워너의 소장 사진에는 매우 규모가 큰 상반신의 미륵불(그림 28)이 하나 더 있다. 불상 바로 아래에는 기도를 위한 좌대가 놓여 있고, 그 옆에는 돌탑과 나무팻말이 서 있다. 한편, 현재 서울대학교 박물관이 소장하고 있는 일제시기의 유리건판 사진에 똑같은 미륵불(그림 29)이 있는데, 여기에는 그냥 황량한 들판의 흙더미 위에 불상의 상반신만 나와 있다.[36] 스타가 찍은 워너의 소장 슬라이드가 서울대학교 박물관의 사진보다 시기적으로 훨씬 뒤에 촬영된 것으로 보이며, 어디에 있는 미륵불인지는 현재로서 확인할 길이 없다.

그림 28 미륵불, 1910년대

그림 29 미륵불, 서울대학교 박물관 소장 사진, 연도 미상

그림 30 유점사 능인보전과 9층석탑, 1910년대

그림 31 유점사 능인보전과 9층석탑, 1924년

스타가 그의 저서에서 가장 많이 언급한 사찰은 지금의 북한인 강원도 고산군 설봉산의 석왕사, 그리고 금강산의 유점사와 신계사다. 이 세 사찰 모두 6. 25 동란 중에 파괴되어 실제의 옛 모습을 볼 수 없다.[37] 석왕사와 유점사는 특히 일제 강점기 '삼십본산'에 속하는 사찰이었다. 이들의 명성은 그 규모와 문화재의 보고寶庫로 일본인과 그 밖의 외국인들에게도 잘 알려져 있었다. 특히 유점사의 보고였던 신라시대의 "53금동불상"이 1916년 일본인들에 의하여 약탈당하고, 일부 되찾은 것들도 가짜로 바꿔치기한 것이 드러나 당시 화제를 모았던 사찰이었다.

스타의 저서에 수록된 유점사의 주법당인 능인보전과 9층석탑이 함께 보이는 사진(그림 30)과 1924년 이곳을 여행한 어느 한 외국 여행객이 찍은 같은 장소의 사진(그림 31)을 비교해보면 그런대로 당시의 정취를 느낄 수 있다.[38] 당시 많은 외국인들은 일본에서 배를 타고 원산에 내려서 금강산을 구경하고 철원을 거쳐 경성에 도착하는 여행경로를 선호했다. 스타가 이 경로로 여행을 했는지, 아니면 이 코

그림 32 석왕사 입구, 나귀를 탄 미국인 헨리 노만, 1890년대

스를 역행했는지는 알 수 없으나, 그가 찍은 사진들이 다른 외국 여행객들과 마찬가지로 거의 같은 장소의 유적들을 대상으로 삼고 있다. 이들은 대부분 외금강을 거쳐 내금강의 묘길상과 삼불암을 거쳐 장안사에 도달하게 되는데, 스타도 그가 찍은 묘길상의 사진을 그의 저서에 수록했다.[39]

스타가 찍은 석왕사의 전체 풍경은 없으나, 참고로 당시 다른 외국인이 찍은 사진(그림 32)을 살펴보면 그 규모가 가히 60여 말사를 거느린 대사찰이었음을 짐작할 수 있다. 석왕사에서의 스타의 관심은 사천왕상, 법당 안의 불상들과 벽화 등 주로 그의 저서에서 불교미술을 세부적으로 설명할 수 있는 사례들이었다.

신계사의 풍경으로 스타는 그의 저서에 대웅전 앞 3층석탑을 배경으로 포즈를 취한 주지스님과 동자승의 사진(그림 33-1)을 수록했

그림 33-1 신계사 3층석탑, 1910년대

그림 33-2 현재의 신계사 3층석탑

다. 이 탑은 정양사와 장안사의 3층석탑과 함께 금강산 "3대석탑"으로 꼽히는데, 최근 남북한 합작으로 신계사를 복원하는 과정에서 지금의 모습(그림 33-2)을 볼 수 있다. 지금의 모습에서는 볼 수 없는 탑머리 부분의 장식이 스타의 사진에는 남아 있는데, 6. 25 동란 중 머리 부분이 파손되었다고 한다.

한편 워너의 소장사진 목록에는 신계사 주지스님의 사진이 한 장 더 있다. 스님이 기거하는 내실 앞을 배경으로 가까이서 찍은 사진(그림 34)인데, 스님의 오른손에 쥔 염주와 왼손의 지팡이 그리고 장삼 모두가 위의 사진과 일치한다. 카메라의 시선을 정면으로 응시하면서 온화하면서도 심지가 굳은 소박한 표정이 김구하의 사진과 너무나 대조적이다. 표정만큼이나 의복도 대조적이다. 고깔모자를 비롯하여 거추장스럽게 껴입은 것 같은 질 좋은 장삼, 신발의 각반까지

그림 34 신계사 주지스님, 1910년대

김구하의 겉치레는 무언가 어색하고 불편해 보인다. 그에 비해 신계사 주지스님의 의복은 깨끗하며 경제적인 소박함이 엿보인다. 카메라의 시선을 의식하는 두 사람의 표정의 차이는 더욱 가관이다. 시선을 피한 김구하는 무언가 못마땅해 하면서도 할 수 없이 응하는 소극적인 태도다. 그에 비해 신계사의 주지스님은 당당한 태도다.

거기에다가 김구하가 서 있는 사진의 배경은 어떠한가? 아마도 김구하는 경성에 신축한 '삼십본산연합사무소'의 입구에 서 있는 것일 수 있다. 담장의 쇠창살과 직사각형의 두 지주 기둥 등 조선의 불교와는 전혀 어울리지 않는, 무슨 사교집단의 교주 같은 김구하와 비교하여 신계사 주지스님의 배경은 그야말로 조선의 불교 그대로를 담고 있다. 스타는 자신의 저서 첫 페이지의 사진으로 김구하보다 신계사 주지스님의 사진을 수록하는 것이 조선의 불교와 더욱 합당할 것이라고 생각할 수는 없었을까? 물론 선택은 스타의 몫이었고, 그는 그의 시선의 정치학에 따라 김구하를 내세웠다.

네 번의 조선 여행을 통하여 스타는 조선의 불교가 지속적으로 성장하고 있으며 과거의 영광을 되찾아가고 있다고 보았다. 특히 처음 방문한 1911년과 비교하여 그가 책을 출판한 1918년에는 조선의 불교가 눈에 띄게 활발해졌다고 보았으며, 그 미래도 매우 밝게 전망했다.[40] 그러나 그 이면에 일본의 조정과 정치적 책략이 깊게 관여했음을 그가 세세하게 알 수는 없었다. 설혹 깊게 알았다 하더라도 스타는 근본적으로 일본의 개입을 긍정적으로 바라보았을 것이다. 종교를 떠나 조선을 바라보는 스타의 시선은 타자로서의 일반적인 서구인들이 가졌던 한계와 같았다.

스타의 사진 속에는 일제시기를 살아간 여러 조선 사람이 등장했다. 아울러 식민시기의 유적들과 자연을 대할 수 있었다. 하지만 이 사진들도 책이라는 형태의 자료와 동일하므로 식민주의의 시각으로부터 자유롭지 못하다. 서구인들은 대부분 경찰을 대동하고서 여행을 통한 조사활동을 벌였다. 적어도 이를 두 개의 스타의 사진에서 확인했다. 일제시기의 경찰은 식민지 백성 조선인들을 주눅들게 한 존재였으며, 이들과 함께 한 일인이나 서구인들도 마찬가지였다. 많은 사진 속 사람들의 눈빛은 식민지 백성들의 공포심을 품고 있었고, 또한 사진을 통해 그것을 쉽사리 읽을 수 있다. 연출된 환경 속에서 비자발적으로 사진의 대상이 되었음도 사람들의 얼굴표정은 말해주고 있다. 이런 표정의 대표적인 예가 김구하의 사진일 것이다. 사진은 사실성이 상대적으로 뛰어나다고 믿어지나 실제로는 여러 조작이 가능한 기술매체로서 찍는 사람의 의도에 따라 왜곡될 소지가 매우 높다. 즉 의도적인 대상 선택과 그 대상을 의도대로 포착하려는 연출적인 구성은 식민주의라는 시선의 개입을 태생적으로 많은 부분에서 허용할 수밖에 없다.

3 시선의 패러다임 II: 탐험과 모험의 미명 아래

자본과 경제

한국의 근대화 과정에는 미국의 자본주의와 서구의 부르주아가 깊이 잠재해 있었다. 근대화는 곧 미국화였고 로웰Percival Lowell과 데니Owen Denny 등 여러 서구인은 모험정신과 그들의 정의를 중심으로 동양을 탐구하기 시작했으나, 당시에 대한 여러 서적과 시각이미지들은 결국 이윤profit, benefit, advantage, interest의 창출을 위한, 곧 자본주의적 목적이 그 중심에 있었다고 말할 수 있다. 때문에 국가와 사회가 자본과 경제의 이익창출을 위해 서구인들에게 미지로의 탐험을 부추긴 셈이다. 이 이익의 창출이 그들에게 중국과 일본만큼 흥미롭지는 않았지만 아직 미지의 세계였던 조선도 탐험할 가치가 충분히 있다고 생각했을 것이다. 그러나 이들이 조선을 알게된 것은 주로 중국과 일본을 통해서였고, 조선 역시 주체적으로 이들과 접촉한 것은 아니었다.

가령, 지금은 우리에게 익히 잘 알려진 로웰도 그랬다. 로웰은 일본의 추천을 받아 1883년 고종이 미국에 파견한 '보빙사'의 외교자문 역으로서 일본인 통역관과 함께 고용되었던 미국인이었다. 사절단 이후 그가 1883년 12월부터 3개월간 홍영식 초청의 국빈 자격으로 조선에 머물렀고, 조선에 관한 책 『조선, 고요한 아침의 나라Choson, The Land of the Morning Calm, A Sketch of Korea』(1886)를 출판했어도 그의 주된 관심사는 시종일관 일본에 쏠려 있었다. 로웰처럼 데니도 조선 정부가 한시적(1886-1890)으로 고용한 외교자문관이었다.[41] 로웰이 일본의 추천으로 고용되었다면, 데니는 청나라의 추천으로 받아들인 인물이었다. 이 때문인지 데니는 시종일관 청나라를 인식하지 않을 수 없었다. 이들 미국인들이 어떤 식으로든 조선을 도왔다면 그것은 일차적으로 자신들의 이익을 위한 것이었고, 이차적으로는 그들의 미래를 이익으로 더욱 확장시켜줄 중국이나 일본을 항상 염두에 두었다.

한편, 이들 외국인 고용자들은 당시로서는 엄청난 보수와 특권을 누리며 생활했고, 그들만의 커뮤니티가 형성되어 중국, 일본, 조선에 관한 정보를 공유하기도 했다. 일본의 경우 메이지 정부에 고용된 외국인御雇い外国人은 "오야토이 가이코쿠진oyatoi gaikokujin"이라 불릴 정도로 그 숫자가 대단했다. 메이지 정권 44년 동안 일본 정부가 고용한 외국인만 3,000명을 넘었으며, 이 제도가 끝나는 1899년까지도 800여 명의 외국인 고용자들이 일본에서 활동했으니, 서구식 근대화에 일본이 얼마나 매진했는가를 직접적으로 알 수 있는 대목이다.[42]

이와 비교하여 조선 정부가 고용한 외국인들의 숫자는 그야말로 극소수였지만, 이들 대부분은 미국인으로 서구 앵글로·색슨계의 20대 백인 남성들이었다. 로웰도 이런 미국인들 중 한 사람이었다. 물론, 그도 사업가로서 돈을 벌 일차적인 목적으로 머나먼 이국 땅에 발을 디뎠으며, 그 당시 서구 남성들은 누구나 지녔을 법한 제국주의적 정서와 시선으로 조선을 바라보았다. 그의 첫 저서 『조선Choson』 역시 이러한 정서와 시선을 반영한 '여행기'였다. 탐험과 모험의 미명 아래 그에게 '여행'이란 그 또래 나이의 다른 서구인들과 마찬가지로 기본적으로 '유럽적'인 '부르주아'의 '문학적' 정서였고, '남성적'이며, '과학적'인 시선 아래 '영웅주의'적 자기도취에 몰입하기 좋은 일종의 '여가적인 역사recreational history' 행위였다고 말할 수 있다.[43] 그 역시 동·서양 간 권력적 헤게모니의 역동성을 '성gender'과 '성적sexualize'으로 묘사했음은 당연했고, 결과적으로 그의 저서는 조선의 과거와 현재의 일상 모두를 서구 남성들의 보편적인 시선으로 담으려 한 일종의 "문화적 지형도cultural cartography"라 할 수 있다.[44]

같은 제국주의적 정서와 시선을 가졌어도 데니의 경우는 로웰과 달랐다. 데니는 이홍장李鴻章의 추천으로 중국에서 조선으로 온 공식적인 외교정치인이었다. 미국의 법관 출신인 데니는 1886년부터 1890년까지 고종의 매우 중요한 조언자로 일했다. 그는 특히 조선의 정치적 독립을 중국, 일본, 러시아로부터 지키려 노력했고, 또한 경제와 기술적인 발전의 근대화를 위해 미국을 적극 끌어들였다.[45] 그는 고종과 함께 1886년의 '조불수호통상조약Franco-Korean Treaty', 1888년에는 '조로수호통상조약Russo-Korean trade agreement' 등을 성사시켜, 불평등조약이었지만 조선의 우선적인 평화를 유지하는 데 공헌했다. 또한, 자주독립을 위해 조선이 중국과 맞닿아 있는 유교사상을 버릴 것을 주장했다. 이런 측면에서 데니는 '정치적 제국주의자'였다고 말할 수 있다.

한편, 그는 조선이 서구의 외교정책과 기술을 습득하고, 평양을 상업도시의 중심으로 만들어, 그중에서도 특히 광산산업의 개발을 촉구하고자 노력했다. 그러나 데니의 속셈은 어떻게 해서든지 미국의 자본을 끌어들여 조선을 근대화하되, 그것이 곧 미국화의 방향으로 흘러가기를 원했다.

한 예로, 그가 경성에서 1886년 7월 13일 미국의 한 지인에게 쓴 서신을 보면, 조선의 대동강 저변에서 대단한 매장량의 석탄이 발견되었으며 채굴권을 따내 개방해야 하는데, 성사될 경우 그의 미국 친구에게 가장 먼저 특권을 주겠다는 내용이 있다.[46] 이것은 특정 미국인에게 혜택을 줘서 조선의 상업을 발전시킨다는 명목은 있지만, 다른 한편으로는 마음대로 상권이나 개발권을 그 스스로의 권력을 남용하여 조정·통제하겠다는 심보다. 이런 측면에서 데니 역시 당시의 전형적인 '경제적 제국주의자'이기도 하다.

정치, 경제에 대한 서구인들의 이러한 제국주의적 시선은 19세기 말, 20세기 초에 발행된 여러 서적에서 쉽게 찾아볼 수 있다. 로웰과 데니의 경우와 달리, 보다 직접적으로 이러한 시선을 언급한 한 예를 살펴보자. 1895년 미국인 헨리 노만Henry Norman의 저서, 『극동의 인민과 정치The Peoples & Politics of the Far East』에는 조선이 가진 무한한 자원과 수출입에 대한 상세한 내용을 언급했다.[47] 내용의 시작부터 원산을 언급하며 미래의 상업적 가능성을 암시하는 것으로 볼 때 이 책의 궁극적인 목적은 조선 탐사를 통해 자원에 대한 지식을 얻어 종국에는 그들의 상업적 기득권을 확보하고자 하는 것임을 알 수 있다.

또한, 노만은 같은 책에서 다음과 같이 기술했다. 어차피 조선은 자신을 구할 능력을 잃어버리고, 과거 일본에게 예술을 가르치던 조선은—가고시마 지방을 대표하는 도공 '사츠마Satsuma'는 조선인

심수관이었음을 예로 들며—모든 기술과 예술품을 일본에게 빼앗겼고, 1895년—이 글을 저자가 쓰던 시기—에 와서는 조선을 탐내는 두 국가 사이에서 조선은 무기력할 뿐, 이러한 상황에서 많은 서구의 국가들이 조선의 자원을 탐내는 것은, 그리고 개발하려는 것은 현실적으로 당연하다고 주장했다.[48]

노만은 조선이 가진 무한한 자원을 탐내는 서구인들은 조선에 대한 글에 금, 석탄, 동물, 바다자원 등을 조선인들의 게으름 때문에 발굴되지도, 쓰이지도 않는다고 지적했다. 특히 원산은 똑똑한 개발자들에 의해 곧 훌륭한 상업도시로 번영할 것이라고 주장하면서 조선은 외부에 의해, 지금으로선 일본에 의해 살아남을 수 있을 것이고, 또한 일본이 아니었다면 여전히 은둔의 나라에서 벗어나지 못했을 것이라고 판단했다.[49] 이러한 판단이 당시 서구인들의 조선을 보는 일반적인 정치·경제적 시각이었다.

조금은 다른 관점이지만 다시 데니의 이야기로 돌아가보자. 1886년 조선 정부와의 고용계약에서 데니의 연봉을 오늘날의 달러 가치로 환산하면 약 15,360불로, 당시로서는 파격적으로 후한 조건이었다.[50] 거기에다가 데니는 고종으로부터 그가 기거할 전통 한옥(그림 35)을 무상으로 제공받았다. 이 한옥은 여러 별채와 넓은 정원이 딸려 있어, 당시 한양에 거주하던 외국인들 사이에서도 '데니 궁전Denny Palace'으로 불릴 정도였다.[51] 데니의 가족은 이 한옥의 내부와 가재도구 등의 일체를 서양식으로 꾸몄다. 물론, 동양풍의 장식적 분위기를 자아내기 위하여 조선의 병풍과 자개농(그림 36)도 구비했다. 그러나 그것들은 들러리일 뿐, 의자와 식탁, 양탄자 등 실내의 모든 분위기는

그림 35 데니가 거주하던 한옥, 1886년

그림 36 데니가 거주하던 한옥의 내부 모습, 1886년

압도적으로 서양식이었다. 한옥의 내부에 서양식의 가재도구를 구비하는 것이 그들의 전통적인 생활습관의 편리함만을 위한 것은 아니다. 그것은 서양 문명의 기술적인 우월함을 과시하는 일종의 전시효과와 같은 것으로, 데니 외에도 당시 대부분의 유럽인과 미국인이 가졌던 보편적인 정서였다.[52]

문학과 미술, 사진

1890년 6월 23일 미국 세인트 루이스St. Louis 시의 워싱턴 대학Washington University을 갓 졸업한 두 청년은 영국의 리버풀Liverpool에서 출발하여, 유럽을 횡단해 콘스탄티노플을 거쳐 베이징까지, 장장 15,044마일24,070km을 자전거로 여행했다. 3년이라는 시간이 걸려 다시 뉴욕으로 돌아온 이 두 젊은이는 그들의 모험담을 『아시아 자전거횡단Across Asia on a Bicycle』이라는 책으로 출판했다.[53] 그들이 서문에서 밝혔듯이, 마르코 폴로Marco Polo 이후 서양에서, 그것도 미국에서 유럽을 경유하여 중국의 베이징까지의 여행을 성공한 유럽인이 없었음을 감안한다면, 이 여행은 대단한 사건이었다. 미국 국기를 자전거에 꽂고 자전거와 함께 찍은 이 두 젊은이의 사진(그림 37)이 증명하듯, 탐험과 모험은 가히 그들의 문화가 지향하는 가장 우선의 패러다임이었다.

이러한 패러다임을 부추긴 장본인이 문학과 미술, 그리고 사진이었음을 이제는 누구나 다 알고 있다. 서구인들이 그들의 모험정신과 정의를 모토로 동양을 탐구하기 시작했으나, 그들이 출판한 여러 서적과 그들이 사용한 시각이미지들은 결국 이윤 창출의, 곧 자본주

그림 37 두 미국 젊은이의 자전거 여행, 1890년경

의적 목적이 주였음을 부정할 수 없을 것이다. 그들은 자국의 국민들에게 미지로의 탐험을 고취하고 자신들이 그곳에서 하는 일에 대한 정당성을 알리기 위해 문학과 미술을 교묘하면서도 적절하게 활용했다. 이에 걸맞는 다양한 형태의 문학적 업적(?)들이 있으나, 아마도 미지의 세계를 상상하는 호기심의 첫 대상은 역시 앞에서 예를 든 것과 같은 "여행기"가 압권이었을 것이다. 또한, 문학과 미술이 동반자로서의 역할을 충실하게 수행했던 시대였으므로 사진과 미술의 시각이미지는 그들의 언어를 증명해주는 객관적인 사실 자료로서, 또는 상상력을 배가시켜주는 보충자료로서 톡톡히 그 역할을 수행했다.

그러나 이러한 시각이미지들은 객관적 사실로서의 원본에 충실했다기보다 사용자의 의도에 따라 재생산되는 과정에서 왜곡되기 일

그림 38 영박(Yung Pak) 삽화, 1905년

쓰였다. 때문에 그들의 조작된 시선은 조선을 실제와 다른 이상한 나라의 앨리스처럼 묘사하곤 했다. 이러한 왜곡으로 묘사된 조선의 지리와 문화는 그것이 어떠한 대상과 사실이었던 간에 대부분은 과장되거나, 또는 신비스러움을 강조하지만, 결국은 원시와 미개를 더욱 부추기는 증빙자료로서의 역할을 충실히 수행한 셈이다.

한 예로, 미국 보스톤에서 1905년 출판된 『우리의 조선의 꼬마 사촌Our Little Korean Cousin』이란 책을 들여다보자.[54] 6장의 그림을 곁들인 이 책은 조선인들의 생활양식, 관습과 복장, 전통과 미신에 대해 들여다본다. 물론, 그림을 그린 화가 역시 조선을 방문한 적이 없는 미국인L. J. Bridgman이다. 만약 이 책이 영어권 어린 독자들의 마음에 흥미, 이 극동의 작은 나라에 살고 있는 사촌, '영박Yung Pak'(그림 38)에 대해 더 알고 싶은 갈망을 불러일으켰다면 이 책의 저자와 출판사는 충분히 그 목적을 달성한 것이라 볼 수 있다. 물론 이 책의 저자, 헨리 리

미쉘 파이크Henry Lee Mitchell Pike도 조선을 방문했거나 여행한 적이 전혀 없었다. 그는 미국에서 수집한 조선에 관한 단편적인 지식들과 이미지들을 모아 나름대로의 상상력을 곁들여 이야기를 만들어낸 것이었다. 이 이야기가 당연히 진실일 수는 없다. 설사, 어느 정도의 진실이 포함되어 있다 하더라도 그것은 왜곡된 진실일 수밖에 없었다. 더 나아가 이 책은 총 58권의 시리즈 중 한 권일 뿐이다. 이 시리즈 안에는 '조선'의 어린 사촌뿐만 아니라 '중국', '일본', '파나마', '아프리카' 등 58개국의 어린 사촌(그림 39)들이 등장한다.[55] 때문에 이 시리즈의 출판 목적은 너무나 자명하다. 이들은 당시의 미국이 알고 싶어하는 58개국에 대한 문화와 전통, 종교 등의 내용을 친근한 문체로. 특히 '우리our'라던지 '사촌cousin'이라는 식의 제목으로 세계가 하나됨을, 하나의 가족임을 은근히 강조하는 교육적 효과를 기대하는 시리즈물이다. 또한, 조선인들이 앞으로 그들의 조부나 아버지보다 더 나은 사람으로 성장함을 확신한다고 얘기하면서 이들이 과거의 미신이나 전통을 버리고 새로운 교육을 통해 문명화를 이루는 데에 있어서 미국과 영국인들의 지대한 공이 있

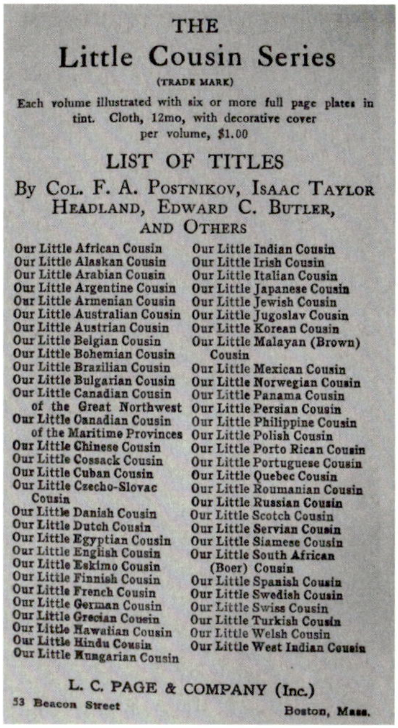

그림 39 『우리의 사촌』 시리즈 광고, 1905년

그림 40 『조선의 신부, 금옥이』의 삽화, 1922년

그림 41 『조선의 신부, 금옥이』의 삽화, 1922년

을 것이라는 점을 특히 강조했다.[56]

'영박'이 조선의 봉건적인 관습에서 깨어나야 할 남성들의 표상이라면, 이와 유사한 목적의 여성들의 이야기도 비슷한 시기에 미국에서 소설로 출판되었다. 역시, 그림을 곁들인 『조선의 신부, 금옥이 Kumokie, A Bride of Old Korea』에서 "동방의 사랑이야기 A Love Story of the Orient"라는 부제에 어울리게 우리의 불쌍한 '금옥이'는 신랑의 얼굴도 못보고 강제로 시집을 가(그림 40), 시댁의 그 많은 흰 옷을 빨아 밤새 다듬이질(그림 41)하는 노동으로 날 새는 줄 모른다.[57] '영박'과 마찬가지로

'금옥이' 또한 조선의 전형적인 봉건 여성의 표상이다. 여성의 노동 중에서도 빨래하는 아낙네들의 모습을 담은 사진들이 유독 많았으며, 이러한 이미지들은 그림과 이야기들로 다시 재생산되어 조선의 여성에 대한 부정적인 표상으로 서양인들에게 각인될 수밖에 없다.

이러한 책들을 읽는 어린 독자들은 이 미개한 조선의 가난한 사람들을 그들의 종교와 문명으로 깨우쳐 인도해야 할 책임이 마치 자기에게 있는 것처럼 착각하며 자랄 수도 있다. 아니면, 때에 따라서 어떤 이들은 기독교의 전도와 함께 숙명적인 사명감으로 무장한 채 조선을 찾을 수도 있다.

우리에게 친근한 미국인 선교 교육자 허버트Homer B. Hulbert도 이런 사명감을 가진 서구의 한 사람이었을 것이다. 그는 일본 정부로부터 추방당하면서까지 조선의 독립을 도운, 우리에게는 매우 고마운 미국인이었지만 그 역시 일본보다는 서구에 의한 조선의 개화를 선호한 많은 지식인들 중 한 사람이었을 뿐이다. 그의 유명한 책, 『조선의 멸망The Passing of Korea』(1906)에서 허버트는 자신의 저서를 고종 황제와 대한제국의 국민들에게 헌정하면서 다음과 같은 대단히 문학적인 수식어로 조선에 대한 그의 마음을 표현했다.

Dedicated

to his Majesty

the Emperor of Korea

as a token of high esteem and a pledge of

unwavering allegiance, at a time when

calumny has done its worst and

justice has suffered an eclipse

and

to the Korean people

who are now witnessing the passing of old Korea

to give place to a new, when the spirit of the

nation, quickened by the touch of fire,

shall have proved that though

"Sleep is the Image of Death"

It is not death itself

중상모략이 팽배하고

정의가 퇴색하여 고통을 받는 시기에

높은 존경과 변함없는 충성의 표시로,

조선의 국왕 폐하께

그리고

"잠들어 있음은 곧 죽음의 모습"이라지만

진실로 죽은 것은 아님을,

불꽃으로 고동치는 한 나라의 정신이

증명하고 있는 시기에,

옛 조선이 새로운 한국으로 변모하는 과정을 목격하고 있는,

조선인들에게 바칩니다.

"조선은 지금 잠시 잠들어 있을 뿐, 아주 죽은 것은 아니라"고 외치는 한 서구인의 애정 어린 절규가 말해주듯, 서구인들의 시선으로 생산해낸 조선에 대한 모든 이미지들은 진실이라 할 수 없다. "잠들어 있음"은 "죽음의 이미지일 뿐," "죽음 자체가 아니라"는 허버트의 표현은 모든 서구인들이 그들의 시선에 갇혀 확대, 과장, 왜곡, 축소하여 재생산해낸 재현의 이미지일 뿐, 진실 그 자체는 아니다.

미술과 관련한 좀 더 구체적인 문화현상과 그것의 제국주의적 성격에 대하여 살펴보자. 시각문화와 관련한 제국주의적 식민노선은 특히 그들의 교육정책과 아주 밀접한 관계를 맺고 있다. 시각문화야말로 그들의 식민정책을 대내외적으로 선전하기 위한 적절한 매체이자, 또한 시각문화야말로 소통의 차원에서 더욱 효과적인 교육정책을 펼칠 수 있기 때문이다. 이와 관련한 대표적인 식민문화교육이 고고학과 미술사학, 또는 박물관학일 것이다. 고고학, 미술사학, 박물관학, 또는 지리학, 인류학, 종교학 등은 단순히 발굴, 조사, 수집, 보존, 연구, 교육의 차원에서만 존재하는 것이 아니라 식민지 국가를 아예 박물화museumizing한 시각이미지로 고착시키려는 고도의 정치적인 의도가 깔려 있는 식민정책 차원에서의 학술활동이다. 19세기 서구 열강의 대도시에 들어선 박물관들의 존립은 그들의 식민지배 국가에서 지리학, 인류학, 고고학 등 분야의 발굴, 조사, 수집 활동으로 가능했

던 것이다.

식민교육 정책의 차원에서 이러한 학술활동은 더욱 교묘하게 정치적이다. 보편적으로 식민지에 적용되는 대부분의 정책, 특히 교육을 포함한 프로그램은 기존의 질서에 변화를 부여한다는 측면에서 진보적이다. 이러한 진보적 성향은 당연히 전통적인 정서와 질서를 고수하려는 보수적 성향의 식민지 국민들의 반발심리를 불러일으키기 마련이다. 바로 고고학은 이러한 보수적 반발심리를 잠재울 수 있는 교육적인 효과가 있다. 즉, 식민지 국민들의 과거 문화를—그것이 화려했으면 화려한대로 그들의 과거에 대한 자부심의 정서를 부추기고, 그것이 초라했으면 초라한대로 그들의 과거에 대한 반성과 회한悔恨의 정서를 불러일으키는—들추어내 전통 성향의 반발심리를 달래주기에 적절한, 명분과 실리를 동시에 갖춘 학문이었다.

서구 열강들과 마찬가지로 일본 역시 식민정책적인 차원에서 이 분야의 활동이 활발했다. 물론, 그들의 고고학적 대상은 그들의 군대가 점령한 지역에 국한되었지만, 1930년대까지는 특히 한국과 만주의 중요한 고고학적 대상지를 대부분 섭렵했으며, 당시의 서구 고고학계도 인정할 정도로 그 체계와 학문적인 연구성과가 뛰어났던 것도 사실이었다. 또한, 1928년의 경성은 그 규모의 정도와 상관없이 서구 유럽의 대도시들이 갖고 있었던 박물관, 동물원, 식물원 등이 있는, 시베리아로 이어져 대륙으로 유럽에 다다를 수 있는 조선철도를 가진 소위 근대 도시로 탈바꿈했다.

한일수호조규의 불평등 조약을 맺음으로써 반 식민지 상태가 된 1876년부터 미국과 소련에 의하여 해방을 맞은 1945년까지 일본은 조선을 서구 자본주의적 제국주의의 식민정책에서 배운 '노하우 know-how'를 실천·실험하는 '대상 object'으로 삼았다. 결국, 문학과 미술, 사진을 포함하여 그들이 생산한 모든 이미지들은 그들의 패러다임을 실현하기 위한 실험·관찰의 객관적 증빙자료로 진실인 양 사용되었다. 이들 자료들은 결국 보편적인 지식으로 둔갑하여 그들의 진실이 되어 조선의 문화를 원시와 미개의 한 표본으로 '박물화'했다.

랜턴 슬라이드

랜턴 슬라이드는 미국에서 1849년에 발명되어 1850년대 이후, 특히 1870년경부터 1950년대까지 서구 사회에서 대유행이었다. 한 예로, 1904년 이후 매년 천만이 넘는 랜턴 슬라이드가 시카고에서 판매되었다고 하니 그 수요는 가히 천문학적인 수량이었을 것이다.[58] 랜턴 슬라이드는 쉽게 제작할 수 있기 때문에 싼 가격에 판매할 수 있었고, 또한 암실에서 일반 사진보다 더 짧은 시간에 인화가 가능했으므로 이와 같은 대량 유통이 가능했다.

한편, 슬라이드를 투사할 환등기Magic Lantern는 근대 슬라이드 영사기의 전신(그림 42)이었다.

유리판으로부터 이미지를 투사하는 작업은 사진이 발명되기 수세기 전부터 시작되었으나, 누가 이것을 처음 발명했는지는 아직 밝혀내지 못했다. 그림 42는 '바우쉬 앤 롬Bausch & Lomb'사의 1920-1930년대 '발롭티콘Balopticon' 환등기로 랜턴 슬라이드를 투사하는 용도로 사용되었다. 1930년대 후반 코닥Kodak이 35mm 컬러 슬라이드를 시장에 내놓기 전 사용했던 환등기가 바로 이 '발롭티콘'이다.[59]

그림 42 발롭티콘 환등기(Balopticon Magic Lantern), 1920-1930년대

여기에 사용되는 슬라이드들은 일반적으로 두 장의 유리로 구성되어 한 장의 유리 위에 이미지가, 다른 한 장은 그 이미지 위에 놓이고 이를 고정하기 위해 종이 테이프로 테두리를 감아 마무리를 한다. 물론 유리판의 이미지가 마르고 난 후, 그 이미지들은 특정한 틴트tint들을 사용하여 손으로 채색되었다. 채색된 슬라이드는 흑백의 슬라이드보다 비싸게 판매되었으며, 손으로 하는 작업이니만큼 채색의 정도에 따라 그 질의 차이가 현격하게 드러나기도 한다.

이 슬라이드를 처음 발명한 사람은 1840년대 미국 필라델피아의 '은판사진작가daguerreotypist'였던 랑겐하임Langenheim 형제였다. 이들은 환등기를 자신들의 사진 이미지들을 보여주는 장치로 사용하기 위한 실험을 하다가, 은판사진의 불투명한 본래 성질 때문에 투사가 어려워 투명한 이미지를 만들어낼 수 있는 재료를 찾고 있었다. 이 과정에서 유리에 감광용액을 도포하여 음화negative로 변한 원 이미지를 만들어내는 방법을 적용하였다. 이렇게 만들어진 음화를 사용하여 종이 대신 유리판에 찍어내, 이미지를 투사하기에 적합한 투명한 양화positive이미지를 만들 수 있었다. 랑겐하임 형제는 1850년에 그들의 발명에 대한 특허를 내고, 이를 '하이알로타입Hyalotype'이라 불렀다('hyalo'는 그리스어로 '유리'란 뜻이다).[60]

랜턴 슬라이드의 발명과 이 사업의 가장 큰 업적은 교육부문이었다. 유리 슬라이드를 한 개씩 환등기에 넣고 수업시간이나 시민단체의 강연 등을 위해 이미지를 보여주기 시작하면서, 기업들은 사진작가들을 고용하여 세계 각지의 자연, 지리, 사람들의 사진을 찍게 하고 이를 이미지로 제작하여 교육기관들에 판매했다. 한 예로, 뉴욕 주 산하 교육청은 일반 사립학교를 포함한 대부분의 교육기관에 슬라이드들을 배부하곤 했으며, 각 대학교의 아카이브에는 세계 각 지역들의 삶과 동물, 건축물과 미술 작품 등, 다양한 범위의 주제를 아우르는 수천 장의 슬라이드를 경쟁처럼 수십 통의 나무보관함에 소장하고 있었다. 이 장비들은 1920년대부터 아마도 1950년대까지 시청각 교육의 핵심이 되는 부분이었다.[61]

랑겐하임 형제는 처음엔 이것이 오락의 용도로 쓰일 거라고 믿었다. 그러나 실제로는 사진과 다른 시각의 획기적인 발명으로 다수의 사람이 함께 볼 수 있다는 장점이 있기에 작은 규모의 오락을 위한, 또는 대규모의 교육적 목적으로까지 확장 사용되었다. 사실상 랜턴 슬라이드는 앞에서 언급하였듯이 교육적 용도로 강의에서는 빠질 수 없는 중요성을 갖게 되었다. 특히 시각적 이미지의 교육방식이 관건이었던 미술과 건축은 말할 필요도 없고 역사학, 지리학, 고고학, 인류학, 생물학 등 모든 교육의 현장에서 효율적으로 쓰였다. 이것은 소통의 입장에서 더 더욱 효율적이었다. 환등기를 통한 슬라이드가 대형 스크린에 확대된 크기로 비추어 보이므로 몇 백 명의 청중을 상대로 강의할 수도 있었으니, 소통의 양적 대상이 기하급수적으로 증가하는 결정적인 계기를 랜턴 슬라이드가 제공해준 셈이다. 결과적으로 사진과 랜턴 슬라이드의 발명은 서구 사회에 오리엔탈리즘의 급격한 확산을 가능하게 한 장본인이었다. 그리고 그들의 패러다임을 실현하기 위한 과학, 기술의 업적이 있었기에 가능한 것이었다.

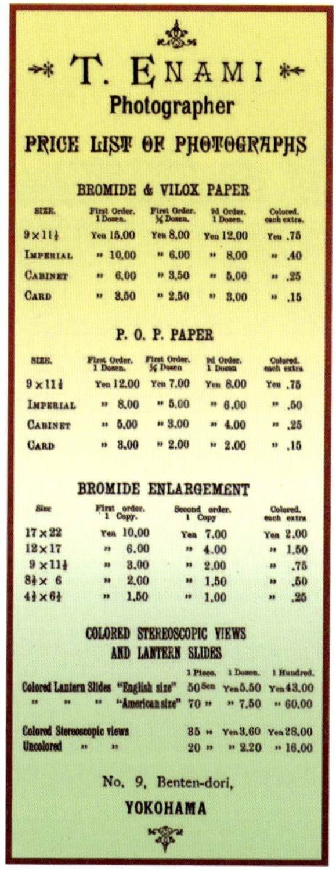

그림 43 일본 요코하마의 T. Enami 사진관 광고, 1910년대

한편, 19세기 말, 20세기 초의 일본도 사진과 관련한 모든 광학기술이 서구와 비교하여 결코 뒤지지 않았다. 그 예를 랜턴 슬라이드로 좁혀 당시에 요코하마에서 활동했던 한 사진가, 노부쿠니 에나미 Nobukuni Enami(1859-1929)의 업적에 초점을 맞추어보자. 요코하마에 사진관을 낸 에나미의 상호명은 "T. Enami"였다. 그의 주요 고객은 물

그림 44 게이샤의 흑백사진, 1910년대

그림 45 흑백사진에 색을 입히는 작업 모습, 1910년대

론 요코하마를 찾는 서양 사람들이었다. 워너가 소장한 일본의 랜턴 슬라이드들 중에도 "T. Enami"의 상호가 등장하는 것으로 보아, 그의 사진관은 서양인들에게 제법 알려졌던 것으로 추정된다. 당시 그의 사진관이 낸 광고(그림 43)에 의하면 그가 판매하던 랜턴 슬라이드의 가격이 나와 있다. 영국인과 미국인에게 판매하는 슬라이드의 크기와 가격이 달랐으며, 낱개로도 팔았으나 주로 12장의 한 세트, 또는 100장의 한 박스 단위로 판매했던 것 같다.[62]

에나미의 사진관에서 랜턴 슬라이드를 제작하는 과정을 엿볼 수 있는 사진도 있다. 그는 어떠한 대상이나 인물 하나를 몇 컷씩 찍어 각기 다른 용도로 사용했다. 가령, 게이샤를 찍은 슬라이드용의 흑백사진(그림 44)에 사진관이 고용한 다른 직원들에 의하여 색을 입히는 작업(그림 45)이 진행된다. 이 과정을 거쳐 완성된 컬러 슬라이드의 게이샤의 모습(그림 46)은 그 색감이 매우 자연스럽고 정교하여 마치

그림 46 완성된 컬러 슬라이드의 게이샤 사진, 1910년대

딴 여인을 보듯 매혹적이다. 서양 사람들이 이 슬라이드들을 '마법의magic' 랜턴 슬라이드라 부르는 이유가 여기에 있는 듯한데, 이 또한 진실의 왜곡이 아닐 수 없다.

4 선교사의 시선:

베라 잉거슨 (Vera Ingerson)

기독교, 자유와 정의의 구현을 위해

일제 강점기 조선의 국민들에게 미국은 경제대국으로 국제분쟁의 조정자로서 조선의 자주독립을 보장해줄 후원자로 인식되었다. 이러한 조선 사람들의 인식은 미국인들의 선교활동과 그와 함께 행한 의료, 교육활동의 결과였다. 1882년 '조미수호조약'이 체결된 2년 후부터 본격적으로 조선 선교에 착수한 미국의 개신교는 개항 이전 천주교도들에 대한 약 100년간의 탄압으로부터 자유로웠으며, 합법적으로 선교, 의료, 교육사업을 시작했다. 이들은 조선에서 왕과 고위 관리로부터 하층민에 이르기까지 다양한 계층과의 접촉을 시도했기에 넓은 시각을 갖는 것이 가능했고, 꽤 깊숙이 조선인의 생활 속으로 들어갈 수 있었다.[63]

미국 선교사들은 과거 자유와 정의를 위해 노예제도를 폐지한 경험이 있었으므로 일제로부터의 조선의 독립은 그들에게 정치적 이슈가 아닌 기독교적 정신 속의 윤리적 이슈 쪽에 더욱 가까웠다. 이들에게 기독교는 곧 민주주의의 씨앗이고, 그렇기에 일본이 조선을 자신들의 제국주의 안에 가두어둘 수 없다고 생각했다. 이런 입장에

그림 47 『코리아 리뷰』, 체포된 미국 선교사의 사진, 1919년

서 1919년의 3.1 운동은 자유와 정의를 실현하고자 하는 조선인들의 비폭력적 시위이자 인본주의를 향한 몸부림이었고, 국제사회의 방관을 질타하는 기독교인들의 힘이 작용한 것으로 보았다.[64]

3.1 운동의 뒤에 미국 선교사의 힘이 작용했을 것이라 믿었던 일본은 결국 2-3개의 미국 선교사 집단을 체포하기에 이르렀다. 미국의 한인 학생회가 필라델피아에서 발행하는 『코리아 리뷰Korea Review』에는 당시 체포된 미국 선교사의 사진(그림 47)을 싣기도 했다.[65] 일본은 미국 선교사들이 반란을 주도하여 조선인들에게 '민주주의의 씨앗'을 심고 있기에 30만 명에 이르는 조선 기독교인들이 일본과 조선의 진정한 합방을 거스르며 자유를 외친다고 비난했다. 이런 와중에 1919년 4월 17일 일본은 기독교인들에게 보복하고자 수원 제암리의 한 교회에 기독교인들을 넣고 불태우는 만행을 저질렀다.

이러한 일본의 통치의 잔인성에 대한 비난을 퍼부으며, '기독교 정신'을 바탕으로 일본의 테러리즘을 세계에 폭로하겠다고 미국 세인트 루이스St. Louis의 장로교인들은 엄포를 놓기도 했다.[66]

이들의 엄포는 실현되어 1920년 미국 국회의원단이 현장조사차 조선을 방문했다. 물론 성과는 없었다. 조선의 기독교인들은 당시의 상황을 억압받았던 기독교의 역사와 비유하여, 십자가에 못박힌 예수의 수난과 연결하거나, 마치 이집트의 탄압 속 이스라엘 민족처럼 생각했다.[67]

교육과 의료사업: '인거선'의 활동을 중심으로

미국의 선교사들은 기독교 정신을 바탕으로 조선의 독립을 이뤄주기 위해서는 빠른 시일 내에 그들의 자체적인 힘을 길러줘야 한다고 보았다. 그러므로 무엇보다도 교육, 의료사업의 발전이 시급했으며, 이를 위한 선교당국의 지원이 급선무였다.

베라 잉거슨(1890-1971)은 이러한 사업을 위하여 조선에 파견된 간호사였다. 그녀는 미국 북장로교회의 의료선교사의 사명을 띠고 1916년 평안도 선천의 북장로교회에 파견되었다.[68] 그녀는 그곳 선교부 미동병원의 간호원으로 진료와 전도사업을 담당하다 선천 보성여학교 교사로 교육사업에도 헌신했다. 그러나 1942년 10월 일본 정부에 의하여 미국으로 추방당해, 해방이 되자 다시 한국으로 돌아와 선교활동을 했다.[69]

그녀의 조선 이름은 '인거선印居善'(그림 48)이었다. 미국의 콜로라도 주 덴버Denver에서 태어나 미시간 주의 미션스쿨인 '칼빈 대학Calvin College'에서 간호학을 전공하여 졸업했으니, 의료선교사로서의 자질을 성실하게 키운 미국의 여성이었다. 이런 측면에서 인거선의 조선은

그림 48 베라 잉거슨, 1919년

워너나 키스가 생각했던 조선과 달랐다. 인거선은 조선인의 삶에 직접 뛰어들어 그들과 함께했기 때문에, '동양'의 문화를 사랑하는 이국적인 정서 또는 여행객의 시선으로 바라본 연민과 동정의 조선이 그녀에게는 아니었다.

한 예로, 1926년 1월 26일 자 동아일보에는 그녀의 조선 생활을 들여다볼 수 있는 기사가 실려 있다. 그녀가 선천 미동병원에서 간호사로 일하며 병원의 부속 협방에서 기거할 때였다. 당시 인거선은 조선인 식모를 두고 있었는데, 식모의 남편이 만주, 시베리아, 남방국들의 유랑 끝에 병을 얻고 돌아와 미동병원에 입원했다가 인거선의 병원 부속 집에 묵게 된 일이 있었다. 동아일보는 식모 남편의 기구한 사정을 상세히 설명하고 특히 식모인 아내 외에도 미동병원 선교사들까지 남편에게 와 인거선의 집에서 나가기를 종용했다며, 선교사의 매정함을 보도했다. 이 외에도 당시 신문에는 잉거슨의 조선 이름인 '인거선'이 등장하는 기사가 두세 건 정도 있어 그녀의 본격적인 조선 생활을 짐작하게 한다.[70]

실제로 그녀가 조선에 온지 3년 동안 느낀 상황을 1919년 미국의 선교본부에 보낸 "퍼스널 리포트personal report"에 다음과 같이 토로했다.

> "(…) sometimes we think they(Koreans) are not sympathetic but the Oriental does not show his feelings as freely, perhaps, as we do. Among the Non-Christians there are some splendid characters and the Christians are wonderful. I can't help but wonder sometimes, what kind of Christians we who have been brought up to know nothing but the Bible and its teaching would make if we met with not only disapproval but actual and persevering persecution such as many of our women endure. They put me to shame many times by both their faith and works."[71]
>
> "(…) 우리는 종종 그들(조선인들)이 속내를 잘 드러내지 않는다고 생각하지만, 어쩌면 동양인들은 그들의 감정을 우리만큼 자유롭게 드러내지 못하기 때문일 겁니다. 비기독교인들 사이에도 간혹 정말 좋은 사람들이 존재합니다. 물론 기독교인들은 훌륭하지요. 하지만 저는 성경과 성경의 가르침밖에 모른 채 자라온 우리가 많은 여성들이 견디고 있는 반감과 실질적이고 끈질긴 박해를 마주했을 때 어떠할지 궁금해지곤 합니다. 그녀들의 믿음과 활동은 저를 자주 부끄럽게 합니다."

그림 49 선천 시내 전경, 1919년

그러나 위의 글에서 보듯, 선교사의 눈에도 조선인들은 속내를 잘 드러내지 않는 역시 '오리엔탈Oriental'이었다. 인거선의 시선으로는 개종에 따른 기독교 조선인과 그렇지 않은 조선인이 존재할 따름이다. 그에 따른 신앙의 정도나 기독교적 윤리나 도덕에 따라 조선인의 인간성을 판단하여, 그녀는 때로는 실망도 하고, 때로는 조선인을 부끄럽게도 생각했다. 앞 장의 사진은 그녀가 조선에 도착한지 얼마 안 되어 한복을 입고 그녀의 한글 가정교사와 같이 찍은 모습이다.

여기서 잠시 당시의 평안북도 선천을 좀 더 깊게 들여다보자. 당시 기독교인들에게 선천(그림 49)은 "조선의 예루살렘"이었다. 인거선이 소장한 당시의 사진에서 보듯 선천은 인구 6,000명의 작은 도시였다. 그런데 그 인구의 4/5가 기독교인이었다고 하니 가히 그 분위기를 짐작할만하다. 인거선의 당시(1921-1922) 보고서에 따르면 선천에

↑ 그림 50 동아일보에 실린 양전백 목사, 1926년

→ 그림 51 선천 북장로교회의 선교부 간호사, 1920년

는 북장로교회와 남장로교회가 있었다.[72] 북장로교회의 목사는 3.1 운동의 독립선언서에 서명한 33인 중의 한 사람으로 그는 1919년 3월부터 1921년 10월까지 옥살이를 했다.[73] 보고서에서 그의 이름을 밝히지는 않았는데, 이 지역의 전설 같은 양전백(1870-1933) 목사가 그였다. 1926년 7월 14일 자 동아일보 지역 순회탐방 특집 기사에서도 선천 종교계의 대표 인물로 양전백(그림 50)을 소개한 바 있다.

인거선은 남장로교회의 담임목사도 그때 정치범으로 교도소에 수감 중이어서 그곳 신학교의 학생들인 보조목사들이 교회를 이끌어 가고 있으며, 목사의 가족들을 교회에서 돌봐주고 있다고 보고했다. 등록된 신도 수는 북장로교회가 2,000명이고, 남장로교회는 1,600명이며, 그중 여신도가 각각 832명과 714명이고, 매주 일요일 두 교회에 모이는 어린이만 해도 1,000명이다.[74] 또한 이곳 YMCA의 정식회원이 300명이다. 이렇듯 주민 대부분이 신도인 셈이니 선천은 작은

그림 52 선천 북장로교회의 성가대원, 1920년

도시임에도 불구하고 조선 다른 지역의 개신교 선교활동과 비교하여 유독 기독교인의 수가 급속히 늘어갔다.

이러한 추세 때문에 선천은 미국 북장로교회 선교부로 지정되어 본국에서 파견된 선교 의료인이 71명이나 되었다. 조선 전체에 파견된 개신교 선교의료인들 중에서 선천이 제일 많은 숫자였고, 1920년 이곳 북장로교회의 선교부 간호사(그림 51)는 14명이었는데, 사진에서 보는 것처럼 인거선은 이들 중 하나로, 선천의 미동병원에는 6명의 의사와 6명의 간호사가 근무했다.[75] 1928년 발행된 『조선선교연감 The Korea Missions Year Book』의 선천 편에 1916년 부임한 인거선의 이름이 등장한다.[76] 또한, 한복을 곱게 차려입은 교회 성가대원들의 사진(그림 52)도 있는데 앞 줄 가운데에 앉은 3명의 미국 여성 가운데 유독

그림 53 전국장로회 총회, 1918년

인거선만 한복을 입었다. 아마도 사진 오른쪽 '동아사진관'의 글자가 보이므로 이곳의 사진사가 이 단체사진을 찍은 것 같다. 또한, 인거선의 보고에 의하면 1918년 '전국장로회 총회'(그림 53)를 이곳 선천에서 개최하기도 했다.[77]

인거선의 보고에 따르면, 당시 선천 지역에는 조선인 병원과 일본인 병원 모두 합해 40개의 병원이 있었다. 선천의 미동병원에는 의료원 양성소가 있었으므로 이곳에서 소정의 과정을 마친 간호사 졸업생(그림 54)들은 선천뿐 아니라 강계, 의주 지역의 병원으로까지 진출했다.[78] 선천에는 이들 북장로교회가 세운 두 개의 학교가 있었다. 그 하나는 양전백 목사가 세운 신성중학교이고, 다른 하나는 인거선이 재직한 보성여학교이다.

그림 54 간호사 졸업생, 1920년

이렇듯 '조선의 예루살렘'답게 선천은 개신교의 세례로 기독교를 신앙으로 한 교육과 의료 혜택이 뛰어난 곳으로 유명해졌다. 그런 때문인지 3.1 운동의 물결도 그 규모는 대도시에 비하여 작았지만 매우 거세어 이로서도 이름을 떨쳤다. 거센만큼 그 희생도 커, 일제의 무차별한 진압의 조사현장으로 미국 의회조사단이 조선에 도착하여 첫 발을 디딘 장소도 바로 이곳이다.

1919년 3월 1일 신성중학교 교직원과 학생 전원이, 보성여학교 학생 60여 명이 일제히 만세를 외쳤다. 그날을 인거선의 보고서는 이렇게 시작했다: "지난 몇 달, 우리는 언제 끝날지 모를 가슴 아픈 일들을 목격했습니다 The past months have brought before our eyes many heart-breaking scenes and still the end seems far distant."[79] 그녀의 기록은 이제 간호사로서의 시선이다. 한 어린 아이가 등에 총을 맞고 실려와 거의 죽어가는데 시위에 참여하지도 않았단다. 이 아이는 5대 독자인데, 아이의 아버지가 조사관에게 어떻게 그렇게 침착하게 말을 할 수 있는지 믿기지 않는단다. 수십 명의 부상자를 치료하는 과정에서 병원의 의약품마저 부족해 여러 도움을 청했단다. 강계에서 수송되어온 '명하Mung Ha'라는 소년의 생명을 위해 일요일 내내 노력했으나 "자기 나라의 독립을 보지 못하고" 죽었다. 월요일, 죽은 두 소년의 장례를 치루며 통곡하는 아이들의 엄마를 보며, 인거선도 이 날을 기억할 것이라며 다음과 같이 보고했다:

> "How can our hearts help but be heavy when we remember the numbers who are in mental and physical anguish all over this land? But we know that affairs are ruled by a Mighty King and we can safely trust it all with Him, knowing that He loves His Children with an everlasting love."
> "이 땅에서 많은 이들이 정신적으로, 육체적으로 고통을 당하고 있음을 기억하는 이때에 우리의 가슴이 먹먹해지는 것을 어찌할 도리가 없습니다. 하지만 우리는 위대한 왕이 변치 않는 사랑으로 그의 자녀들을 사랑하고 있음을 알기에, 모든 문제는 왕의 질서를 따르고 우리는 안심하고 그를 전적으로 믿어야 함을 알고 있습니다."

1919년 3월 1일 현장의 간호사로서 병원에서 죽음을 목격하고 부상자를 치료한 인거선이지만 그녀의 궁극적인 시선은 역시 선교사였다. 3.1 운동과 함께한 수많은 죽음의 정신적, 물리적 고통도 결국은 기독교의 넓은 사랑으로 포용할 수밖에 없다는 그녀의 말은 어딘가 남의 나라 이야기 같다.

Personal Report of Vera F. Ingerson, 1918-1919

Personal report of Vera F.Ingerson.1918-1919.

When the last three months of a year are such as to overshadow the preceding nine months,it is difficult to think back.The ordinary tenure of our lives is a happy mixture of monotony and excitement but the unusual events of the past months have carried us almost to the breaking point.

We in Syenchun began our year's work by entertaining the Presbyterian Council andthe Korean General Assemblythe first days of September.Meeting members of all four Presbyterian Missions in Korea and seeing the numbers of Korean Pastors and eldersgathered to discuss the work of the church was indeed a great pleasure.It was our first attempt at entertaining such a large company and we found it rather strenuous but withal profitable and very interesting.My month of vacation was delightfully spent at Sorai Beach,except for the Language exam. Because of illness just before and during Annual Meeting I was not able to take my exam.at that time and the day Ichose was,I think,the very warmest day of the summer,howevermy second year final is a thing of the past.Following the Assembly we each fell into our places in the work of the Station and I endeavored to gather up the loose ends at the Hospital,of which there were plenty.One of the first things I had to do was to discharge a nurse of whom I was very fond but she had taken advantage of the absence of disipline in such a way as to make me fear her influence over the other nurses.The exodus continued until we were once more reduced to our faithful Pong Do,who sticks thru thick and thin.She is now twenty-one years old and will complete her three years of study in Oct. Her family are not Christian and try periodically to arrange a marriage for her but she is firm in her determination to remain in single blessedness and to become a graduate nurse.It is our hope to be able to graduate her but as yet we are not a recognised Training School,however we are working toward that end. There are in our province some forty Korean and Japanese Hospitals and many of them would use graduate nurses if they could get themand,as the supply does not equal the demand,we hope to be able to do our bit.Last October I finally succeeded in taking the Govt.nurse's examination,after repeated attempts.The first spring Iwas in Kangkei and last spring I waited for the promised word as to time but there was a mistake somewhere and it was all over before I knew it.So,when I heard the date in the Fall,I went up to Wiju on Saturday to be sure and be on hand early Monday morning.Unfortunately the Korean girl whom I took with me for companion and cook missed the morning train and we were oblidged to wait until after-noon.On arrival we were unable to procure a conveyance for our destination,some forty li from the rail-road,until six o'clock.Our purchased auto tickets did us no good for,just before the time appointed,the auto whizzed by us and there was no stopping it.Neither were we able to recover our money so began a hunt for rickshas and even the ricksha men did'nt seem anxious for the job,however,we finally got off and arrived at the Wiju Rest House at ten P.M. We should have appreciated our moon-light ride more than we did,Ifear,but it was rather a late hour to set up house-keeping for the coming Sabbath.It was "flu"time in Syenchun and on Sunday my girl developed symptoms,which did'nt add much to my peace of mind,(not to mention my comfort).A visit to the big East Church on Sunday revealed a smaller-less attentive audiance than we are used to seeing in Syenchun.Monday morning I found my way to the Hospital and,after a wait of over an hour,was allowed to begin the examination.It has been some years since I studied "construction and function of eye-ball"but think probably I gave"methods of warming patient's room"and"means of assistance during operation" as well as the little Japanese nurse with whom I took the exam.At any rate some weeks later I received notice that I had "passed".So now I am entitled to add to my own diploma and R.N.certificate a Japanese document.Our trip back home was about as eventful as the trip up,so,if that is a sample of itinerating,I am glad that my work is in town.But it is one step toward a regular Training School.

At present we have six nurses in training and one graduate nurse and they are by far the finest class we have ever had.The graduate nurse has had some B.I. training in addition to her Hospital work.Our best educated girl is the daughter of the South Church pastor.She entered with two girls from Lower School and it has been interesting to watch the difference education makes in initiative and ability ~~ability~~to assume responsibility.

V.F.I.(2)

In January I took a S.S.Class of young women in the South Church,where I have attended ever since coming to Syenchun.It was my thot that the teaching would be good for my Language work as well as afford enjoyable contact with people outside the Hospital and it was very helpful to me but hard,I fear, on the clas because my time for preperation some weeks was very limited and gradually turned it over to the Bible Woman.Owing to pressure of work at the Hospital,my study of Korean has been rather limited but I hope to be able to satisfy the august body of examiners at Annual Meeting time.Some of the friends seem to think that I should absorb quantities of Korean thru the odors of Korean cooking et cetra which are said to exist in the Hos but it has never been proven to me that it works that way.The only way to receive encouragement is to compare one's knowledge with the absolute ignorance of a new-comer but it is equally easy to become discouraged when we realize how little we have mastered of this endless Language.So we can but plug along and do our best.

The evangelistic aspect of our work is a joy,but,unfortunatelythere is too much Martha work in the Institution to admit of as much time for personal contact with the patients as I would like to have.Isuppose that sick people the whole world over are peculiarly open to the Gospel and we are rewarded frequently by seeing some one accept Christ as his or her Savior.Some one from another Mission Field asked me this year if I"really loved the Koreans".It is difficult to see how anyone could help loving them.They have many shortcomings to be sure but who among us can"cast the first stone"?They are most human-most ready to see a joke-sometimes we think they ar'nt sympathetic but the Oriental does not show his feelings as freely,perhaps,as we do.Among the Non-Christians there are some splendid characters and the Christians are wonderful.Ica'nt help but wonder sometimes,what kind of Christians we who have been brot up to know nothing but the Bible and its teachings would make if we met with not only disapproval but actual and persevering persecution such as many of our women endure.They put me to shame many times by both their faith and works.Mrs.Ross has spent many hours with the women patients to their mutual enjoyment and many peacefull hearts as a result.Truly Hospital Evangelism is a case of "casting your bread upon the waters"for,of the many who come and go,we hear from comparitively few so we make the most of our opportunities and leave the results with Him.It was my privilege to attend the Buchman meetings held in P.Y.last Fall.It may not be outwardly visible,but I feel that the inspiration received at that time has helped thru the year.

Looking back over the year there are causes for regret but more causes for gratitude to the One who guides our footsteps.It is fine to face a new year of opportunity to profit by the mistakes of the past and to yield ourselves more fully to the Master Moulder.There are many things to hope for:for instance we would like to receive our permit for the Training School:it would be a joy to see the beginning of a Nurse'sHome in which to house the nurses,instead of the Hospital atticwhich has many disadvantages.We also sicerely trust that the Mission will decide to leave Dr.Tipton and his family in S.C.It is difficult to understand how we ever got along before he came to the Hospital for everyone is as busy as before.

The past months have brot before our eyes many heart-breaking scenes and still the end seems far distant.There comes a picture before my eyes of a young boy who was brot to the Hosp.just as he was dying from a shot in the back,received as he was leaving the scene of a "demonstration"in which he had had no part. He was the last of five generations of only sons.How the father could answer so calmly the questions the officials asked,was a mystery to me.Another young man received both gun-shot and bayonet wounds in the lower right arm.Because of the dificulty imposed by the officials in traveling to a hospital,the arm was in very bad condition when he arrived here and he narrowly escaped amputation.Even when it gets well he probably will have very little use of that arm.One man received in the back of his neck a shot which we removed from just under the

V.F.I.(3)

skin on the front of his neck.He marvelously escaped with only a paralysis of his right arm.But by far the saddest event in our experence was the arrival of six lads(mostly school-boys) who had ,after five days of waiting,been able to come to us for treatment.For three succesive days they had each received thirty stripes as punishment for shouting "Mansai"and distributing literature.It was not even done according to law,if any law could countenance such work.One of the most attractive of the lads was so weak that he went to his reward at noon of the next day.It was necessary to operate on all of them,some several times. The nature of their wounds called for such quantities of supplies that our already over-worked stock could not possibly meet the need so the Foreign Com. went to work on materials recently received from the Red Cross and we soon began to receive sheets,pillow-cases,pajama suits,mattrass-covers and even bandages rolled by the American school children and cotton cut ready for use by students of the Young Woman's shool.Everyone seemed eager to help and we certainly appreciated it every bit.These boys all came from Kangkei,where I spent my first winter in Korea,and,knowing most of them made it very hard to see still another slipping away from us but, altho we fought all day Sunday for the life of Mung Ha, he was called Home just an hour after the arrival of his older brother who came from Kangkei to see him.It was the triumphant passing of a precious soul who died with only the regret that he could not live to see his country free.On Monday there was a double funeral and the two boys, both sons of widowed Mothers,were laid to rest on the hill-side.The other four are doing very well now,but there was doubt about two of them for several days.How can our hearts help but be heavy when we remember the numbers who are in mental and physical anguish all over this land?But we know that affairs are ruled by a Mighty King and we can safely trust it all with Him,knowing that He loves His children with an everlasting love.

Syenchun Station Report, 1921-1922

(5) SYENCHUN STATION REPORT 1921-1922.

to squeeze them in!

When education is so eagerly sought and the returns are so plentiful in church workers and leaders, it is greatly to be regreted that our equipment is so insufficient. From the Boys' Academy alumni there are 3 pastors, one being a Missionary to the Chinese in Shantung, 18 Pastors' Assistants and a large number of elders, deacons and active church workers. This is one of the fruits of the 12 years of earnest evangelistic effort put forth by Dr McCune. Among the graduated of the former Girls' Academy are some of the very strongest leaders in the local church work, as well as many scattered through the country. Among the school boys there are a few non-Christians but the great majority are from Christian homes. In the Girls' school no one not a catechumen is allowed to live in the dormitory. A few " new believers" have been permitted to study and continue to live in their homes. So the whole student body is overchemingly Christian and no one remains long a heathen.

Local Work

The local church work in Syenchun, a town of 6000 inhabitants, is worthy of mention. There are two churches, namely the North and South. One time a visitor, seeing the two churches so close together, asked what caused the split! Simply a matter of out-growing the mother church. The N. Church Pastor was one of the 33 signers of the Korean Declaration of Independance and was in prison from March 1919 - October 1921. The S. church Pastor is now serving a term as political prisoner, but the church is supporting his family in addition to the support of a pastor called temporarily to take his place. Also each church has an assistant pastor, both men being Seminary students. The N. church enrolled attendance is over 2000 and the S. church about 1600. The N. church has 12 elders and the S. has 7. The S.S.s are most interesting. Owing to the large numbers, the study is divided into 3 sections. The children meet at 9;00 A.M. Their S.S.s are managed entirely by Koreans and are well worth seeing. About 1000 children meet every Sunday in the two churches. As the children leave for home, the women begin to gather and they begin their study at 10;30. The Missionary women have the superintàncy of these S.S.s. The N. church enrollment is 832 with an average attendance of 562. The S. side enrollment is 714 with an average attendance of 550. The women are divided into classes according to their age and church standing-baptized, catechumen or new believer. Classes are held in every available place-Bible Institute and Y.M.C.A. buildings, and even to the janitor's nearby house and the home of a teacher who lives across the street. The men come last. Their S.S.s are managed entirely by Koreans. The average total S.S. attendance in the N. church is over 2000 and S. church over 1400. The afternoon service is held at 2;30. The N. church attendance averages about 1000 and S. church over 800. They each have a separate service for at the same time for the children, led by a church officer.

There is an organized Y.M.C.A. which has 300 members. They are running a school now-preparatory to Academy entrance examinations. The Y.W.C .A. has no organized work in Korea but the young women have a Society. One of the splendid works they have undertaken is a night school for girls and women who are not able to study otherwise. They have a 5 year course and the teaching is all done by busy people who gladly give their time and strength to help lighten the minds of those less fortunate. There is a thriving Missionary Society which meets regularly.

올해의 다가올 9개월이 빛을 잃게 할만큼 힘들었던 지난 3개월을 다시 떠올리기가 매우 어렵습니다. 원래 우리네 삶이 단조로움과 흥분의 행복한 뒤섞임으로 이루어져 있지만, 지난 몇 달간의 이례적인 사건들은 우리를 거의 한계점으로 몰고 갔습니다. 선천에 있는 우리는 9월 첫째 날 장로교의회와 전국총회를 위한 접대행사를 여는 것으로 올해의 업무를 시작했습니다. 조선에 있는 총 4곳의 장로교 선교단의 일원들, 조선의 목사님들과 장로들이 한데 모여 교회일에 대해 이야기를 나눈 것은 실로 큰 즐거움이었습니다. 이렇게 많은 인원을 모시고 행사를 연 것이 우리에게는 첫 시도였기 때문에 매우 힘들었지만 동시에 매우 유익하고 흥미로웠습니다. 언어(한글)시험을 제외하면, 소래[1] 해변에서 보낸 저의 휴가는 아주 유쾌했습니다. 연례회의 직전과 도중의 병치레 때문에 시험 시기를 놓치고 다시 선택한 날은 올 여름 가장 따뜻했던 날이었지만, 저의 두 번째 해 학기말 시험은 이미 과거의 일이 되었습니다. 총회의 결정에 따라 우리는 각자의 위치를 지정받았고, 저는 병원에서 여러 가지 미진한 부분을 파악하기 위해 애썼습니다. 제가 우선 해야 했던 것 중에는 제가 매우 아꼈던 간호사를 내보내야 하는 일도 있었는데, 이는 그녀가 규율을 지키지 않아 다른 간호사들에게 영향을 끼칠 것을 염려했기 때문입니다. 이러한 인사이동은 많은 일을 겪고도 우리 곁을 떠

1) 황해도 장연군 송천리 소래마을. 조선인 신도들이 세운 첫 장로교회가 있으며, 그곳의 해변을 말한다.

나지 않았던 믿음직한 "봉도(Pong Do)"[2]가 남을 때까지 계속되었습니다. 그녀는 이제 21살로, 이번 10월에 3년의 공부를 마치게 됩니다. 그녀의 가족들은 기독교인이 아닌데다가 주기적으로 그녀의 결혼을 주선하려고 하지만 독신으로 남아 간호사가 되겠다는 그녀의 투지는 굳건합니다. 그런 그녀를 간호사로 졸업시키고자 하는 우리의 바램과는 달리 우리는 아직 간호훈련학교로 인정받지 받지 못한 상황이지만, 이를 목표로 여전히 노력 중입니다. 우리 지역에는 40여 개의 조선과 일본 병원들이 있고, 이들 중 많은 병원이 졸업한 정식 간호사들을 구할 수만 있다면 쓸 것입니다. 또한 간호사의 수요에 공급을 맞추지 못하고 있기 때문에 우리가 이를 도울 수 있길 바랍니다. 저는 지난 10월, 여러 번의 시도에 걸쳐 드디어 국가간호사시험을 치를 수 있었습니다. 첫 봄에는 강계에 머물렀고, 지난 봄 약속대로 기다렸지만 어디에서 실수가 있었던 건지 제가 알기도 전에 시험이 끝나버리고 말았습니다. 그래서 그해 가을 정해진 날짜를 듣고는 월요일 아침에 맞춰 가기 위해 아예 그 전 토요일에 의주로 올라갔습니다. 불행히도 제가 함께 조선 소녀와 주방장이 그날 아침 기차를 놓치는 바람에 오후까지 기다릴 수밖에 없게 되었습니다. 기차에서 내려서는 여섯 시까지 한 40리 떨어진 우리의 목적지까지 갈 방법을 찾지 못하였습니다. 미리 구입한 차표는 소용이 없었고, 정해진 시간이 되기 직전에 자동차들은 세울 기미도 없이 쌩쌩 지나가버렸습니다. 이미 지불한 돈은 되찾을 길도 없어, 인력거를 찾기 시작했습니다만, 인력거꾼도 우리 일에 관심이 없어 보였습니다. 하지만 우리는 결국 저녁 열 시에 의주 숙박시설에 도착할 수 있었습니다. 달빛 아래의 여정을 좀 더 즐겼어야 했

2) 조선 여학생의 이름.

지만, 다가오는 안식일을 준비하느라 바쁠 숙소직원들에게는 늦은 시간이라 신경이 쓰였습니다. 게다가 선천에는 "독감"이 유행하던 때였고, 제가 데려온 소녀가 일요일에는 독감 증상을 보인 것이 마음에 걸렸습니다. 일요일 이곳 동(East)장로교회를 방문했을 때 선천에서 보던 것보다 수도 적고 산만한 청중들을 보았습니다. 월요일 아침, 병원으로 찾아간 저는 한 시간이 넘게 기다려 시험을 시작할 수 있었습니다. "안구의 구조와 기능"을 공부한지는 수년이 지났지만, "환자의 방을 따뜻하게 하는 방법"과 "수술 중에 보조하는 방법" 등은 같이 시험 본 조그마한 일본 간호사만큼 잘 보았다고 생각되었습니다. 몇 주가 흐른 후, "통과"하였다는 통보를 받을 수 있었습니다. 그래서 이제는 저의 졸업장과 R.N. 수료증에 합격증을 추가할 수 있는 자격이 생겼습니다. 집으로 돌아오는 길 역시 가는 길만큼 사건이 많았기에, 이런 여행이 일반적이라면 저는 제 직장이 저희 동네에 있다는 점에 감사하는 마음이 들었습니다. 하지만 이번 일로 일반 훈련학교로의 목표에 한걸음 더 가까워졌습니다. 현재 우리에게는 총 여섯 명의 간호사가 훈련 중에 있는데 그중 1명을 졸업시켰습니다. 이들 모두 지금까지 우리가 데리고 있던 어떤 간호사들보다도 훌륭한 수준입니다. 졸업한 간호사는 병원 일을 한 경험을 토대로 추가적으로 훈련을 받았습니다. 가장 교육을 많이 받은 소녀는 남(South)장로교회 목사님의 딸로, 2명의 저학년 소녀들과 함께 입학하였는데, 책임을 감내하는 진취성과 능력에서 교육이 만들어낸 차이를 지켜보는 것이 매우 흥미로웠습니다.

1월에 저는 제가 선천에 온 이후 다니고 있는 남장로교회에서 성경공부반(S.S.Class)의 젊은 여성들을 데리고 왔습니다. 저는 가르치는 일이 저의 한글공부에도 좋을 뿐 아니라, 병원 밖의 사람들과 즐거운 만남을 가져올 것이라 생각했습니다. 가르치는 일은 실제로 저에게 많은 도움이 되었지만 간혹 몇 주는 수업을 준비할 시간이 매우 한정적이라 이를 서서히 성경을 가르치는 분에게 넘겨야 했습니다. 병원업무의 가중으로 저의 한글공부가 더디게 진행되고 있습니다만, 연례회의 기간의 시험관들을 만족시킬 수 있길 기대하고 있습니다. 몇몇 친구들은 제가 조선 음식 등을 통해 조선의 여러 풍습을 받아들여야 한다고 생각하는 듯하지만, 저에게는 그런 방식이 효과가 있을지는 모르겠습니다. 격려가 되는 유일한 것은 누군가의 지식을 새로운 사람의 절대적 무지와 비교할 때이지만, 우리가 이 무한한 언어에서 터득한 것이 얼마나 적은가 깨달을 때는 그만큼 낙담하기도 쉽습니다. 그래도 우리는 그저 잘 지내며 열심히 노력하는 수밖에 없습니다.

우리 임무의 복음전도적인 측면은 기쁨이라 하지만, 불행하게도 이 기관에서 "마르타 워크(Martha work)"[3)]가 너무 많아 환자들과 개인적으로 접촉할 충분한 시간을 제가 원하는 만큼 얻지 못하고 있습니다. 저는 세계 전역의 아픈 사람들이 유독 복음에 대해 열린 마음을 가지고 있다고 생각하고, 실제로 이들 중 예수님을 그들의 구원자로 받아들여 보답받는 일이 심심치

---

3) 어느 날, 그리스도가 마르타와 마리아 집을 방문하였다. 마르타는 그리스도와 제자들을 대접하기 위해 정신 없이 분주하게 일하는 반면, 마리아는 언니를 도와줄 생각은 않고 그리스도의 발치에 앉아 넋이 나간 채 이야기를 듣기만 했다. 이에 화가 난 마르타는 그리스도에게 일하지 않는 동생을 타일러 달라고 부탁하지만 그리스도는 "마르타여, 그대는 근심이 많구나. 그리고 많은 것들로 고통받는구나. 그러나 마리아는 그가 좋은 쪽을 선택하였으니, 그것을 그녀로부터 빼앗지 말아라(루카 10:39-42)"라며 마리아를 옹호한다. 따라서, 여기서의 마르타 워크(Martha work)란 순수하고 정신적인 교감과 반대되는, 물질적이고 세속적인 업무를 의미한다.

않게 일어납니다. 올해 저에게 다른 선교지역에 있는 누군가가 "정말로 조선인들을 사랑하느냐"고 물었습니다. 다른 누군가가 그들을 사랑함에 있어 도울 수 있는 방법을 아는 것은 어렵습니다. 그들이 결점을 많이 가지고 있긴 하지만 우리들 중 누가 "첫 돌을 던질 수 있을까요?" 알고 보면 그들은 대부분 인간적입니다. 우리는 종종 그들(조선인들)이 속내를 잘 드러내지 않는다고 생각하지만, 어쩌면 동양인들은 그들의 감정을 우리만큼 자유롭게 드러내지 못하기 때문일 겁니다. 비기독교인들 사이에도 간혹 정말 좋은 사람들이 존재합니다. 물론 기독교인들은 훌륭하지요. 하지만 저는 성경과 성경의 가르침밖에 모른 채 자라온 우리가 많은 여성들이 견디고 있는 반감과 실질적이고 끈질긴 박해를 마주했을 때 어떠할지 궁금해지곤 합니다. 그녀들의 믿음과 활동은 저를 자주 부끄럽게 합니다. 로스[4] 여사는 여성 환자들 간의 즐거움과 평온한 마음을 목표로 많은 시간을 보냅니다. 병원을 통한 진정한 복음전도는 "자신의 것을 아끼지 않고 베푸는", 오고 가는 많은 이들을 위한 것으로, 우리는 상대적으로 매우 적은 수의 조선인들을 접촉하므로 우리의 기회를 최대한 활용하여 그분(예수님)께 좋은 결과를 남기려 합니다. 지난 가을 평양(P.Y.)에서 열린 부크먼 회의(Buchman Meeting)[5]에 참석할 수 있었던 것을 영광으로 여깁니다. 밖으로 보이지 않을 수도 있지만 제가 그때 받은 영감이 한 해를 버텨나가도록 도와주었습니다.

한 해를 다시 돌이켜보면, 후회하는 일도 있지만 우리의 행보를 이끌어주신 존재에 대해 감사할 일이 더 많습니다. 과거의 실수로부터 얻은 기회

4) 미국 북장로교회 선교사 사이릴 로스(Cyril Ros, 노세영)의 부인.

5) 재조선선교단회의.

의 새해를 맞이하고 마스터 몰더(Master Moulder)[6]에게 우리 자신을 더 많이 양보하게 되었습니다. 많은 것을 고대하지만, 특히 간호훈련학교를 운영할 허가를 받았으면 합니다. 불리한 점이 많은 병원 대신 간호사들을 수용할 수 있는 간호사의 집을 시작하는 것을 볼 수 있다면 매우 큰 기쁨이 될 것입니다. 또한 우리는 선교단이 팁튼 의사선생님(Dr. Tipton)과 그의 가족들을 이곳 선천(S.C.)에 머물게 할 것이라 굳게 믿고 있습니다. 그가 오기 전 우리 모두가 이곳 병원에서 지금처럼 잘 어울릴 수 있었는지 생각하기 어렵습니다.

지난 수 개월 동안 가슴 아픈 장면들이 우리 눈앞에 펼쳐졌고, 아직도 그 끝은 멀게만 보입니다. 아무 상관이 없는 시위 현장[7]에서 등에 총을 맞아 죽어가던 어린 소년의 모습이 아직 눈앞에 생생합니다. 그 아이는 5대 독자로, 경찰들이 묻는 질문에 차분하게 대답하던 아이의 아버지가 아직도 저에겐 의문으로 남아 있습니다. 또 다른 젊은 청년은 팔에 총상과 총검상을 입고 병원을 찾았습니다. 병원으로 오는 길에 경찰의 방해를 받아, 팔의 상태는 매우 나빴고, 여기 도착했을 당시 그는 절단수술의 위기를 겨우 넘겼습니다. 부상이 낫는다 하더라도 아마 팔의 사용은 어려울 것으로 보였습니다. 한 남자는 목 뒤로 총상을 입어 그의 목 앞쪽 피부 아래에서 총알을 제거했습니다. 그는 기적적으로 오른팔의 마비만으로 죽음을 피해갔습니다. 하지만 지금까지 가장 큰 슬픔을 가져다 주었던 사건은 6명의(대부분 학생인) 사내아이들이 부상을 입은 후 5일을 기다려서 병원에 치료를 받으러 왔을 때

6) 예수 그리스도를 지칭함.

7) 3.1 운동.

였습니다. 그들은 "만세"를 외치고 전단을 배포한 벌로 3일을 연달아 30대의 채찍질을 당했습니다. 이는 법에 따라 행해진 것이 아닐뿐더러 이런 일을 지지하는 법도 없었습니다. 이들 중 가장 우리의 마음을 애태웠던 사내아이는 이미 너무 쇠약해져 다음날 정오에 우리 곁을 떠났습니다. 이들 모두 수술이 여러 번에 걸쳐 필요했습니다. 이들의 부상에 많은 양의 보급물자가 필요했지만 우리가 가지고 있는 것으로는 이미 부족한 상태였기 때문에 적십자에 의뢰해야 했습니다. 그리고 우리는 곧 이불, 베갯잇, 잠옷, 매트리스 커버, 미국 학생들이 만 붕대와 여학교 학생들이 준비한 솜 등을 받을 수 있었습니다. 모든 사람들이 열렬히 도와주려 함을 느낄 수 있었고, 우리는 그 모든 것을 감사히 여겼습니다. 이 사내아이들은 모두 제가 조선에서의 첫 겨울을 보냈던 강계 출신으로, 그들 대부분이 우리 곁을 떠나가는 것을 보는 것이 매우 힘든 일이라는 것을 알았기에 일요일 내내 노력했지만 "명하"는 결국, 그를 보러 강계에서 한 시간 후에 도착한 형을 만나지 못하고 세상을 떠났습니다. 이는 그의 나라가 자유로워지는 것을 보지 못하고 떠난다는 유일한 후회를 남겨두고 떠나는 소중한 영혼의 영광스러운 죽음이었습니다.

월요일에 두 소년을 위한 장례식이 있었습니다. 미망인들의 두 아들을 언덕에 묻었습니다. 다른 4명의 아이들은 잘 버텨내고 있지만 이 중 2명은 아직 며칠 더 지켜봐야만 합니다. 이 땅에서 많은 이들이 정신적으로, 육체적으로 고통을 당하고 있음을 기억하는 이때에 우리의 가슴이 먹먹해지는 것을 어찌할 도리가 없습니다. 하지만 우리는 위대한 왕이 변치 않는 사랑으로 그의 자녀들을 사랑하고 있음을 알기에, 모든 문제는 왕의 질서를 따르고 우리는 안심하고 그를 전적으로 믿어야 함을 알고 있습니다.

배움의 기회를 간절히 찾는 이들이 많아지고, 교회의 봉사자들과 지도자들이 이를 통한 보답이 풍성하다는 것을 깨닫게 되면서 저희의 자원/기구/장비가 부족한 것에 깊이 후회하고 있습니다. 소년학교는 중국 산동으로 선교를 떠난 1명을 포함해 3명의 목사님과, 18명의 목사님의 보조, 수많은 장로, 집사, 활동적인 교회 봉사자들을 배출하였습니다. 이는 지난 12년간 맥쿤 박사님(Dr. McCune)[8)]이 성실히 복음전도에 힘써주신 결과물 중 하나입니다. 예전 소녀학교의 졸업생 중에는 현지 교회일에서뿐 아니라 전국에 흩어져 두각을 보이는 지도자들이 나왔습니다. 학교에 다니고 있는 소년들 중엔 비기독교인들도 소수 있습니다만 대부분은 기독교 집안에서 왔습니다. 소녀학교에는 기독교 입문자조차 기숙사에 머무는 것이 허락되지 않습니다. 몇몇 "새 신도"가 집에서 통학하며 공부하는 것이 허락된 적은 있습니다. 그래서 전학생으로 보면 압도적으로 기독교인이 많으며 누구도 기독교인이 아닌 상태로 오래 남지는 않습니다.

현지 업무

6,000명의 인구를 가진, 선천 지역의 현지 교회업무는 언급할 가치가 있습니다.

---

8) Dr. George S. McCune(1878-1941). 미국 북장로교회 선교사이며 3.1 운동 당시 선천 신성중학교 교장을 역임했음.

이곳에는 북(장로)교회와 남(장로)교회로 불리는 2개의 교회가 있습니다. 한번은 어떤 분이 찾아와 두 교회가 가깝게 붙어 있는 것을 보고 무슨 이유로 두 교회가 갈라지게 되었냐고 물었는데, 이는 그저 모(母)교회가 너무 커졌다는 이유 때문이었습니다. 북교회의 목사님은 조선 독립선언서에 서명한 33명 중의 1명[9)]으로 1919년 3월부터 1921년 10월까지 감옥살이를 했습니다. 남교회의 목사님은 현재 정치범으로 형을 살고 있지만, 그의 가족과 그를 대신해 임시로 와 계신 목사님이 함께 교회를 보살피고 있습니다. 또한 각 교회엔 보조 목사님이 있고, 이 둘 모두 신학교의 학생입니다. 북교회엔 2,000명이 넘는 신도들이 있고, 남교회에는 1,600명 정도의 신도들이 있습니다. 북교회에는 12명의 장로님들이 있고, 남교회에는 7명이 있습니다. 성경공부(S.S.)가 가장 흥미로운 부분입니다. 신도들이 많기 때문에 성경공부는 세 개의 그룹으로 나누어 진행합니다. 제일 먼저 오전 9시에 어린이들이 모입니다. 어린이의 성경공부는 전적으로 조선인들이 맡아 진행합니다. 약 1,000명의 어린이들이 매주 일요일 두 교회에 모입니다. 아이들이 공부를 마치고 떠나면, 10시 30분부터는 여성들이 모여 공부를 시작합니다. 선교단 여성들의 감독 아래 이루어지는 여성들의 성경공부는 북교회에서는 632명의 신도 중 평균 562명이 모이고, 남교회에서는 714명 중 평균 550명이 모입니다. 이 여성들은 그녀들의 나이와 교회 내에서의 신분 기준—세례 받은 자, 입문자, 새 신도—에 따라 나뉩니다. 수업은 성경기관, YMCA건물, 심지어 근처 청소부의 집, 길 건너 사는 선생님의 집 등 가능한 모든 곳에서 이루어집니다. 남성들의 수업은 제일 마지막에 열립니다. 그들의 성경공부는 전

9) 양전백 목사.

적으로 한국인들에 의해 진행됩니다. 북교회의 평균 성경공부 참석자 수는 2,000명이 넘고, 남교회는 1,400명이 넘습니다. 오후 예배는 2시 30분에 열리며, 북교회의 예배 참석자 수는 평균 1,000명이 넘고, 남교회의 경우 800명이 넘습니다. 같은 시간 각 교회에서는 교회 담당자들이 어린이들을 위한 예배를 따로 열고 있습니다.

이곳에는 300명의 회원을 가진 YMCA가 있습니다. 이들은 이제 정식 학교의 입학시험을 준비하는 예비학교를 운영하고 있습니다. YMCA는 한국에서 조직적인 일을 하고 있지는 않지만, 소속 젊은 여성들은 단체를 만들었습니다. 이들의 가장 훌륭한 성과는 이 기회가 아니였다면 공부할 수 없었을 여성들을 위한 야간학교를 연 것입니다. 이 학교는 5년 과정으로, 수업은 모두 불우한 이들의 배움을 위해 그들의 바쁜 시간과 노력을 기꺼이 나누고자 하는 분들에 의해 진행되고 있습니다. 이들 선교단체는 정기적으로 만나고 있습니다.

5 콜렉터의 시선:

거트루드 워너 (Gertrude Warner)

미국에서 온 콜렉터, 거트루드 워너

워너(1863-1951)는 미국 시카고에서 태어났다. 부유한 가정에서 자란 그녀는 미국 동부의 명문 대학Vassar College을 다니고 유럽에서도 미술을 공부할 정도로 국제적이었으며 문화적인 미국 전형의 여성 지식인이었다. 유럽의 문화에 깊은 애착을 당연히 가졌으면서도 그녀는 특히 아시아 국가들에 관심이 많았다. 이러한 관심에의 이변에는 아마도, 당시의 기독교적 모럴과 함께 부유한 서구의 여성들이 가질 법한 탐험정신과 낙후국가들에 대한 연민, 근대화의 기치 같은 것들이 복합적으로 작용했을 것이다. 특히, 미국에서는 1894년부터 1930년까지 "새여성The New Women운동"이 일었던 시기로 워너도 이 운동의 영향을 받았을 것으로 추정한다. 이 여성운동은 미국의 중산층 가정에서 고등교육을 받은 백인들에게만 해당되었다는 한계는 있었지만, 이들은 유행처럼 "블루머 바지의 자전거 타는 여성bloomer-wearing bicyclist"으로, 보다 진보적 성향의 "개혁론자"들로서 특히 여성의 "참정권"을 주장한 그 시대의 페미니스트였다.[80]

이것이 또한 시대에 부응하는 또는 앞서가는 아방가르드 여성상의 패러다임처럼 여겨졌을 무렵, 워너는 그녀의 남동생과 함께 1904년 일본으로의 첫 극동 아시아 여행을 시작했다. 바야흐로 그녀의 나이 사십에 접어들어서이다.

첫 여행지 일본에서 그녀가 맞은 것은 러일전쟁이었다. 워너는 전쟁 중의 위험을 피해 곧바로 중국 상하이로 건너갔다. 그녀는 1905년 그곳에서 인생의 새로운 반려자 머레이 워너Murray Warner를 만나 결혼식을 올리고 신혼살림을 차렸다. 중국의 '의화단사건' 이후 상하이 거주 미국인들의 자체 경비단 소속 부책임자였던 그녀의 남편 워너는 미국 무역회사의 기술직 임원으로 상하이에 상주해 있었으며, 그 역시 동양의 문화에 관심이 많아 그곳에서 중국의 희귀한 골동품들을 수집하던 차라, 문화에 대한 공동 관심사로 그 둘은 쉽게 의기투합할 수 있었나.

상하이에서 워너는 처음에 중국의 옷과 매너, 에티켓, 미술, 종교 등을 공부하기 시작했다.

또한, 1918-1919년 사이에는 그녀의 남편과 함께 일본을 여행(그림 55)하며 일본인들의 생활과 관습 등을 실제로 체득하려 노력했을 뿐만 아니라, 여행의 차원을 넘어 「동양이 서양을 만날 때When East Meets West」와 같은 논문식의 에세이를 쓸 정도로 일본 문화에 심취하기도 했다.

그녀의 동양의 예술과 문화에 대한 관심은 단순한 호기심을 넘어 그것이 곧 '지식의 자원source'으로 발전할 수 있음을 간파한 것이다. 그녀에게 미술품이란 단순한 국제적인 공통언어로서의 차원을 넘어 엄청난 거리를 가진 온갖 문화를 이해할 수 있게 하는, 즉 소통

그림 55 일본을 여행 중인 워너와 그녀의 아들, 1918-1919년

을 열어주는 매개체였다. 그녀는 보다 교육적인 목적으로 소장품을 수집하기 시작했다. 또한 보다 진취적인 태도로서 예술이 과거의 낡은 관점을 버리게 하며, 사고의 전환을 일으키게 할 수 있다고 믿었기에 끊임없이 동양과 관련한 미술품들을 구입했다. 이러한 측면에서 워너는 '미술품 수집가'라기보다 '문화 수집가'라는 말이 더 어울렸을 것이다.[81]

워너의 본격적인 동양 미술품 수집은 그녀의 남편이 갑작스레 죽은 1920년 이후부터였다. 워너 부부는 모든 것이 넉넉했고 중국인들을 하인으로 부리며, 외국인으로서 여행과 수집의 특권도 만끽했던 상하이에서의 살림을 접고 1909년 미국의 샌프란시스코에 정착했다. 그러나 새로운 미국 생활에 적응한지 얼마 안 되어서 그녀의 남

편인 머레이 워너가 사망한다. 워너는 곧 그녀의 아들—전 남편 사이에 태어난—이 법학 교수로 재직하고 있는 오레곤 대학교University of Oregon의 유진Eugene에 정착했다. 이것이 1921년 이후부터 그녀가 이 대학교와 깊은 인연을 맺게 되는 결정적인 계기가 되었다.

워너는 자신의 여생을 아들과 함께 유진에서 편안하게 보내기보다는 더욱 본격적인 콜렉터로서의 역할을 수행하고자 나름대로 미래에 대한 꿈을 꾸고 있었다. 그녀는 자신의 남은 재산, 그리고 그 동안 중국, 일본, 조선에서 수집한 3,000여 점의 미술품들과 자료들을 모두 학교에 기증함으로써 오레곤 대학교가 미국의 태평양 연안에서 '동양학Asian Studies'을 주도할 수 있는 바탕을 만들고자 굳게 마음을 다졌다. 거기에 한걸음 더 나아가 대학 내에 동양의 문화를 항상 접할 수 있는 미술관을 건립하는 것이 그녀의 최종 목표였다. 따라서 그녀는 남편의 죽음 이후 오히려 수집과 여행에 더 큰 삶의 목적을 둔 셈이었다. 결과적으로 그녀의 수집품들은 대학의 '아시아문화연구센터Center for the Asian Culture Studies'와 미술관에 재투자되어 미래 세대들을 위한 교육의 몫을 지금도 수행하고 있다.

워너는 1922년 그녀의 모든 수집품을 대학교에 기증했고, 대학은 그 후 지역사회community 차원에서 신축 미술관Museum of Art의 예산을 모금하여 1930년 건물을 완공(그림 56)하고 2년 뒤인 1932년에 개관했다. 그러나 워너는 자신이 기증한 그때까지의 미술품만 가지고서는 미술관을 열 정도의 양과 질이 미국 다른 지역의 동양 미술관과 비교하여 부족하다는 것을 느꼈다. 이때부터 그녀는 중국과 일본을 수차례 왕래하며 미술관으로서의 규모와 가치에 합당한 작품들을 수

그림 56 오레곤 대학교 신축 미술관(Museum of Art), 1930년

집하고자 그녀의 남은 재산과 시간을 투자하기 시작했다.

한 예로, 여기 수집에 대한 그녀의 열정을 보여주는 모험의 한 긴박한 대목이 있다. 1924년 11월 북경에서의 중국혁명 전쟁 때였다. 미술품의 수집을 위해 북경을 여행 중이었던 워너 일행은 전쟁의 와중을 피해 그곳을 탈출해야만 했다. 그리하여 당시 북경의 외국인 거주지역에 머물렀던 미국, 영국, 프랑스, 일본인들과 특별열차로 북경을 탈출하여 천진에 도착하기까지의 시시각각의 긴박한 상황을 사진과 일기로 기록했다. 그녀는 그들이 탄 기차를 호위하는 아군 측의 장교를 직접 사진(그림 57)으로 찍었으며, 당시의 느낌을 "8년 동안에 다섯 번째로 치르는 이 혁명의 전쟁이 마치 중세 유럽의 상황과 같

그림 57 중국 혁명 당시의 외국인 피난열차, 1924년

다"고 기술했다.[82] 또한 그녀는 자랑스럽게 "물론, 나는 (수집한)미술품들을 절대로 떠나지 않을 것이며 남의 손을 타게 내버려두지 않겠다"고 다짐하기도 한다.[83]

아무리 열악한 혼돈의 상황이라 해도 워너는 자신이 살아보지도 않은 중세 유럽을 20세기의 중국과 비교하니, 이 얼마나 사이드 Edward Said가 설파한 오리엔탈리즘orientalism적 사고인가? 그림 57에서 보듯, 네 나라의 국기를 단 기관차가 제국주의를 상징한다면, 그 안에 실려가는 목숨처럼 소중한 미술품은 곧 자본주의의 상징이라 할 수 있다. 대가를 지불한 것이라 하더라도 기필코 남의 나라 미술품을 자신의 나라로 싣고 가려는 한 서구 여성의 모험과, 이 여인이 느낀 중국의 혼돈이 언제, 어디에서부터, 어떻게 시작되었는지를 간과한, 이러한 사고의 틀로 보아 워너는 당대의 전형적인 오리엔탈리스트orientalist였다.

이들은 전쟁을 수집품의 수를 늘릴 수 있는 절호의 기회로 받아들였다. 이러한 사고는 여성인 워너도 마찬가지였다. 오히려 직접 전쟁을 겪어보지 않았으니 더할 수도 있겠다. 그녀의 다음과 같은 진술은 솔직하지만, 당사자들의 입장에 따라 그 내용은 매우 충격적일 수 있다.[84]

"Judging from my own experience, war times are good times to collect art treasures because things come onto the market that otherwise would not. That is how I found it in Pecking."

"내가 직접 경험한 바에 의하면, 전시戰時는 전쟁이 아니었으면 빛을 보지 못할 것들이 시장에 나오기 때문에 미술품을 수집하기에 좋은 시기이다. 나는 그렇게 이것을 북경에서 찾았다."

또한, 전쟁은 수집품의 가격에도 결정적인 영향을 미쳤다. 구매의 경쟁자가 줄어드니 평소보다 싼 가격에 수집이 가능하다는 것이 이들에게는 큰 매력이었다.

"This chaotic condition brought curios onto the market that would otherwise not have been disposed of, and there being very little competition, the price was considerably lower than would have been if obtained in time of peace."[85]
"이렇게 혼란스러운 상황은 전쟁이 아니었다면 처분하지 않았을 골동품들을 시장으로 나오게 만들었다. 그리고 경쟁이 매우 적었기 때문에 평화로운 시기에 구입할 보통 가격보다 상당히 낮게 책정되었다."

워너에게 콜렉션이란 일차적으로 "우정과 이해의 국제적인 소통을 위한 채널channel for international friendship and understanding"이란 것을 부정하지는 않는다. 그녀의 수집품의 궁극적인 목적이 문화를 이해하는 소통의 매개체와 같았으나, 당시 그녀의 동양에 대한 관심과 동양적인 것의 마구잡이식 콜렉션 행위 이면에는 어떤 측면으로든 경제적인 이득을 얻으려고 하는 자본주의적 욕구가 내재되어 있을 수밖에 없었다. 한 예로, 엘리자베스 키스가 워너에게 보내는 미술품의 구입제안서 및 영수증에는 "희소성의 물질적rare and difficult to find" 가치의

중요성을 의식했다는 문구들이 등장하는데, 이것은 곧 콜렉션을 경제행위로도 간주했다는 증거이다.[86]

워너가 조선의 고미술품들을 수집하고, 일제 강점기의 조선을 담은 엘리자베스 키스Elizabeth Keith의 작품들을 열심히 모은 것도 모두 이러한 사고와 의지의 일환이었다. 그녀가 구입한 키스의 작품은 모두 86점이었다. 그중에서 목판화가 60점으로 가장 많았으며, 그밖에 에칭 판화와 수채화, 스케치 등 20년 넘게 워너는 화가 키스의 단골 콜렉터로서 작품을 구입했으니, 콜렉터의 입장보다 후원자로서의 역할도 수행한 셈이 된다.[87] 워너는 화상을 통하지 않고 키스에게서 직접 작품을 구입했다. 때문에 그 둘은 수시로 서신을 주고받으면서 작품에 대한 서로의 취향과 가격을 흥정하곤 했다. 어찌되었건 오레곤대학교의 미술관은 워너의 소장품 덕에 자동적으로 키스의 작품을 가장 많이 소장한 미술관이 되었다.

워너의 소장품 작가 중 동양에 관심을 갖고 키스와 비슷한 양상으로 작품을 제작했던 여성 작가들로는 헬렌 하이드Helen Hyde(1868-1919)와 베르타 럼Bertha Lum(1869-1954) 등이 있었다. 이들은 당시 하나의 유행처럼 19세기 후반부터 지속해온 일본 채색목판화의 영향 아래 일본에서 그들이 제작한 작품을 목판화로 찍어, 워너와 같은 서양인 고객을 상대로 작품을 판매했다.[88] 일본에서 채색목판화로 그들의 작품을 찍어내는 것 자체가 작품성보다는 판매를 목적으로 한 것이기 때문에 이들을 본격적인 작가로 분류할 수는 없다. 구태여 분류하자면 이들은 모두 B급, 혹은 C급의 작가였고, 워너 역시 당시의 미국인으로 안목이 높은 미술품 콜렉터라 할 수는 없었다. 다만, 조선의

그림 58 아이누족, 1920년대

인물과 풍경을 다룬 키스의 작품을 다수 소장했고 그녀가 일제 강점기의 조선에 지대한 관심을 가졌었다는 사실이 부각되면서, 우리나라에서 몇몇의 전시와 저서 등 그녀를 재조명하는 활동들이 지금도 활발하게 진행되고 있다.[89]

한편 수집에 관한 워너의 열정은 단순히 미술품에만 국한된 것이 아니라 서적과 사진도 여기에 포함된다. 그녀는 당시까지 출판된 동양과 관련한 거의 모든 영문 서적들을 구입하고 있었다. 대부분의 서적은 중국과 일본에 관한 것인데, 한국에 관한 서적들도 100여 권 정도 소유하고 있었다.

워너는 약 5,500여 점의 랜턴 슬라이드를 소장하고 있었다. 이 사진들의 대부분은 워너가 직접 수집했고, 그녀의 남편과 아들도 수집을 도왔다. 이들이 수집한 슬라이드의 대부분은 중국과 일본 관련 사진이고, 약 250여 점은 조선과 관련한 사진들이다. 여행 중 그녀는 직접 사진을 찍었다. 또한 구매도 열심히 했다. 1920년대에는 이러한 사진들이 국제적으로 상용화되어 유럽과 미국은 물론이고 중국과 일본, 조선에서도 어렵지 않게 구입할 수 있었다. 예를 들어, 1937년 앞서 언급한 『조선 불교』의 저자 스타가 소장했던 일본 북해도의 원주민인 아이누족의 슬라이드(그림 58) 38장을 미국에서 사들이기도 했다. 아이누족에 관한 워너의 관심이 어느 정도였는지는 파악할 수 없으나, 그녀는 같은 해에 키스가 그린 아이누족의 스케치 작품(그림 59)도 구입했다.[90] 스타와 워너, 그리고 키스, 이 세 사람의 관계가 일본에서부터 시작되었을 것이라는 추측은 당연하다.

워너는 키스를 1924년 일본에서 처음 만났다. 물론, 첫 만남은 동양을 좋아하여 여행하는 여성으로서의 동지의식이 있었을 것이고, 곧 그 둘은 화가와 그의 작품을 구입하는 콜렉터의 관계로 발전했다. 미국과 영국 태생으로 각기 다른 영어권의 환경에서 자랐지만 그 둘을 강하게 결속시켜주는 끈이 있었으니, 그것은 둘 다 개신교의 한 종파인 '크리스티안 사이언티스트Christian Scientist'를 신봉하는 공통점을 가졌다는 사실이었다.[91] 기독교적 모럴moral과 보다 진보적인 서구의 합리적인 과학정신을 바탕으로 하는 이 개신교 단체는 특정한 분파적 교리보다는 보다 열린 형태의 친분관계friendship를 강조하는 전세계적 공동체를 지향하는 느슨한 조직이었으니, 워너와 키스의 일본에서의 만남은 이로 인하여 보다 각별했을 것이다. 그 둘의 종교, 특히 '크리스티안 사이언티스트Christian Scientist'와의 밀접한 관계가 그

그림 59 엘리자베스 키스, 〈아이누족〉, 드로잉, 1920년대

들이 교환한 편지 속에서 계속 암시된다.[92] 종교적 친분관계를 밑바탕으로 해서, 둘 다 동양에 심취한 독신여성으로서의 유대감이 나이를 초월하여 누구보다 돈독했을 것이다.

워너의 조선 수집품들

워너가 조선을 여행했다는 정확한 기록은 없다. 단지 추정할 뿐이다. 그녀의 왕래 서신과 다른 기록들 중에 그녀가 조선을 여행했었을 것이라고 짐작되는 단서는 두 가지다.

첫째, 1924년 그녀가 경성의 '테일러W. W. Taylor 무역상회'를 통해 구입한 6점의 조선 고미술품이 그해 12월 미국의 포틀랜드를 거쳐 오레곤 대학교가 있는 유진Eugene에 무사히 도착했다는 사실이 그녀의 서신 중에 나타나 있다. 그러나 워너가 직접 경성의 테일러 무역상회에 와서 미술품들의 가격을 흥정하고 구입했는지에 관한 기록은 없다. 테일러 무역상회가 경성에서 발행한 영수증의 명세서(그림 60)는 존재한다.[93] 명세서를 보면 '테일러 무역상회'는 '경성부 태평통 2정목'에 위치했고, 중국과 일본에도 대리점이 있었으며, 6점의 고미술품은 오레곤 대학교 미술관이 1924년 9월 10일 구매한 것으로 일본 고베 항을 출발하여 미국 포틀랜드에 도착하는 것으로 되어 있다.

둘째, 워너가 받은 편지의 내용 중에 그녀가 조선을 방문했을 가능성을 엿볼 수 있는 문구가 있다. 1930년 1월 25일 자, 경성의 무

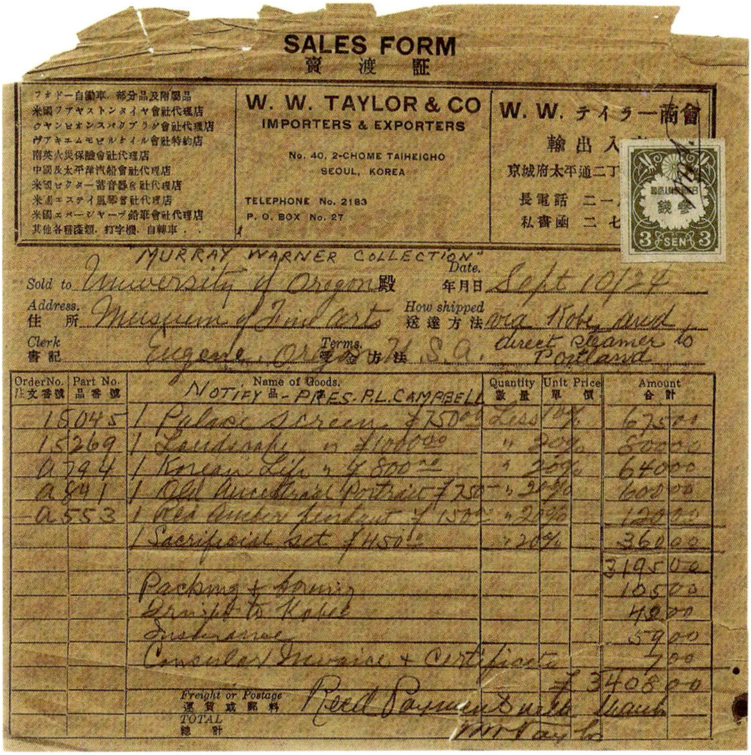

SALES FORM
賣渡證

フォドー自動車 部分品及附屬品
米國ファヤストンタイヤ會社代理店
ウヤンピオンスパクプラグ會社代理店
ヴアキユムモビルオイル會社特約店
南英火災保險會社代理店
中國及太平洋汽船會社代理店
米國ビクター蓄音器會社代理店
米國エステイ風琴會社代理店
米國エバーシヤープ鉛筆會社代理店
其他各種器類, 打字機, 自轉車 . .

W. W. TAYLOR & CO
IMPORTERS & EXPORTERS
No. 40, 2-CHOME TAIHEICHO
SEOUL, KOREA
TELEPHONE No. 2183
P. O. BOX No. 27

W. W. テイラー商會
輸出入
京城府太平通二丁
長電話 二一
私書函 二七

"MURRAY WARNER COLLECTION"
Sold to University of Oregon 殿　Date. 年月日 Sept 10/24
Address. 住所 Museum of Fine Arts　How shipped 送達方法 via Kobe and direct steamer to Portland
Clerk 書記 Eugene, Oregon U.S.A.　Terms. 受金方法

OrderNo. 注文番號	Part No. 品番號	Name of Goods. 品名	Quantity 數量	Unit Price 單價	Amount 合計
		NOTIFY - PRES. P.L. CAMPBELL			
15045		1 Palace screen ¥750.00	Less 10%		675.00
15269		1 Landscape " ¥1000.00	" 20%		800.00
a794		1 Korean Life " ¥800.00	" 20%		640.00
a841		1 Old Ancestral Portrait ¥750.-	" 20%		600.00
a553		1 Old Ancestor portrait ¥150.-	" 20%		120.00
		1 Sacrificial set ¥450.00	" 20%		360.00
					3195.00
		Packing & [illegible]			105.00
		Drayage to Kobe			42.00
		Insurance			59.00
		Consular Invoice & Certificate			7.00
					¥3408.00
		Freight or Postage 運賃或郵料 TOTAL 總計 Recd Payment with thanks W.W. Taylor			

그림 60 테일러 무역상회의 영수증, 1924년

역상 테일러가 그녀에게 보낸 편지의 내용에는 워너가 경성을 방문했는데, 그때 자기가 경성에 없어서 영접을 못해 미안하다는 구절이 있다.[94] 또한 같은 해 2월 8일 자 존 퍼거슨John Ferguson이 워너에게 쓴 편지의 내용에는 그녀가 기차로 중국의 천진을 떠나 조선을 거쳐 일본에 가서, 그곳에서 태평양을 건너 미국에 도착했는데, 그 여행 중 그녀가 무엇을 구했는지 궁금하다는 구절이 있다.[95]

앞 두 편지의 내용으로 보아 워너는 1929년에 기차로 조선을

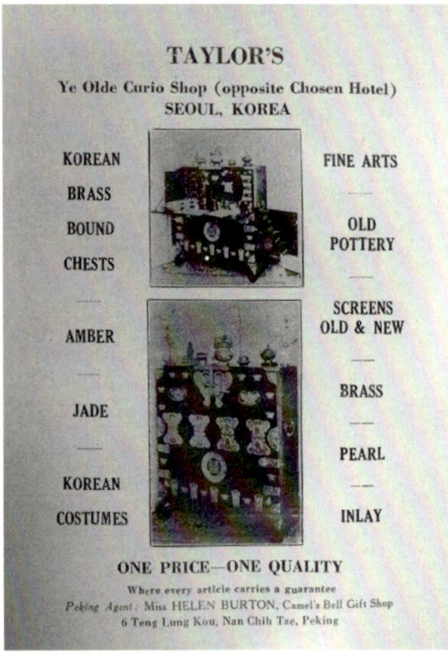

그림 61 『쿡의 북경 가이드』의 '테일러 무역상회, 경성지점'의 광고, 1924년

여행한 것이 확실해 보인다. 그리고 경성에 며칠간 머물렀을 것으로 추정한다. 그런데 대부분 중국과 일본의 고미술품을 수집해오던 그녀가 왜 조선의 고미술품에 관심을 보였을까? 아마도 키스의 영향이 아니었을까 추정한다. 그 둘은 1924년 일본에서 처음 만난 후 친분을 가졌고, 키스에게서 조선에 관한 많은 이야기를 접했을 것이다. '테일러 무역상회'를 통해 1924년 구입한 조선시대 고미술품들의 실제 거간꾼이 키스가 아닐까 추정해본다.[96] 어찌되었건 조선에 대한 워너의 관심은 1924년 이후의 일로 중국과 일본의 고미술품 수집에 이어서 조선의 고미술품도 수집하기에 이르렀고, 이를 위한 조선에의 첫 방문이 1924년, 또는 1929년이었다.[97]

또 다른 추측도 가능하다. 워너는 북경에서 이미 '테일러 무역상회'와 접촉이 있었을 것이다. '테일러 무역상회'는 북경과 경성에 지점이 있었으므로 고미술품에 관한 서로 간의 정보교환이 매우 원활했을 것이다. 예를 들어, 1924년의 『쿡의 북경 가이드Cook's Guide to Peking』에는 '테일러 무역상회, 경성지점'의 광고(그림 61)가 실려 있는데, 그들의 주요 거래품목은 조선의 고미술품이었다. 광고의 사진에는 이들이 고가구를 비롯하여 '도자기'와 '병풍', 심지어 '한복'과 '보

석'까지 취급하는 것으로 보아 워너와 같은 부유한 서구인들을 상대로 '아트딜러'의 역할도 수행한 것 같다. 때문에 굳이 경성에 갈 것 없이 북경에서도 조선의 고미술품들을 구입할 수 있었을 것이다. 한편, '테일러 무역상회'의 광고는 다른 책에도 등장한다. 워너가 소장했던 『금강산 가이드북 A Guide to the Diamond Mountains』 뒷면의 광고(그림 62)에도 테일러 무역상회가 "조선호텔의 반대편에 있으며, 조선의 고가구, 병풍, 회화, 도자, 그 밖의 장식품" 등을 취급한다고 옛 청동불상과 가구의 사진과 함께 실려 있다.[98] 『금강산 가이드북』은 1929년에 발행되었는데, 이 시기는 워너가 경성을 방문했을 것으로 추정하는 시점과 일치한다.

그림 62 『금강산 가이드북』 뒷면의 '테일러 무역상회' 광고, 1929년

1924년 경성에서 워너가 구입한 6점의 고미술품 중에서 단일품목으로 가장 눈에 띄는 것은 〈십장생도〉(그림 63)였다. 명세서의 목록에는 "궁중 병풍 palace screen"이라 표기되어 있는데 어떤 경로로 테일러 무역상회의 손에 닿았는지는 모른다. 또한 어떠한 홍정을 거쳐 워너에게까지 왔는지 몰라도, 가치의 진위여부를 떠나 궁중에서 흘러나왔을 미술품이란 것에 더욱 구매욕을 가졌으리라 판단된다. 청 황실에서 흘러나온 고미술품을 선호한 워너였으므로 이 경우에도 그 가

그림 63 〈십장생도〉, 1879-1880년

치를 '왕실에서 사용한 것'에 두었을 것이다.

궁중과 조선의 고관대작들이 사용하던 이러한 병풍들은 당시의 외국인들이 선호하던 구입대상의 미술품이었다. 가령, 1930년대에 금관조복을 입은 의친왕의 차남 이우 공의 인물사진 배경(그림 64)에도 워너의 십장생도와 매우 유사한 병풍이 등장한다.[99] 당시에는 이미 일본인 사진사들에 의하여 특히 총독부나 궁중 등의 어용사진을 전문으로 취급하는 사진관이 있었으니 이들도 이러한 병풍을 소유하고 있었을 것으로 추정한다.[100]

이 병풍은 '만수무강萬壽無疆'의 '십장생'이 각각 여덟 폭의 비단 위에 그려졌으며, 병풍의 왼편 끝 두 폭의 좌목에는 이 병풍을 사

그림 64 이우 공, 1930년대

주한 14명 신하들의 이름과 벼슬, 직위 등이 나열되어 있다. 고관대작의 이름들 가운데는 이유원(1814-1888), 민겸호(1838-1882), 이재완(1855-1922), 민영준(1852-1935), 이용직(1852-1932), 박정양(1841-1904) 등 당시 고종의 지척에 있었던 인물들이 등장한다. 최근의 연구에서 이 병풍은 1879년 순종이 천연두가 완쾌된 것을 기념하기 위해 제작된 '계병契屛'의 일례로 이듬해에 완성되었다.[101] 이를 미루어 보아 이 병풍은 당시 어진御眞에서 사용했거나, 아니면 '계병'에 참가한 관원들 중의 한 집안에서 시중으로 흘러나온 고미술품이었을 것으로 추정한다.

워너가 수집한 조선의 고미술품들을 여기서 일일이 소개할 필요는 없다. 그녀의 관심이 중국과 일본에 있어왔으므로 상대적으로 뒤늦게 조선 것들도 챙겨야 '동양' 미술관으로서의 구색이 갖춰질 것으로 그녀는 판단했을 것이다. 또한 시기적으로 웬만큼 고미술품으로서의 가치가 나가는 물품들은 일본을 비롯한 기타의 발 빠른 외국인들이 대부분 확보한 상태였으므로 워너의 조선 소장품들을 여기서 더 다룰 필요는 없을 것 같다. 오히려 이 책의 목적에 부합하여 그녀가 소장한 랜턴 슬라이드들과 키스의 조선 관련 그림들을 살펴보는 것이 더욱 가치 있어 보인다. 키스의 그림들은 다음 장에서 살펴보기로 하자.

앞에서 잠깐 언급했듯이 워너가 소장한 조선 관련 랜턴 슬라이드는 약 250여 점이다.[102] 수집된 슬라이드들은 그 구입경로에 따라 대략 세 가지 정도로 분류할 수 있는데 시장에서 구매한 것, 스타가 찍은 것을 구매한 것, 그리고 직접 찍어 제작한 것 등이다.

우선 3도 정도의 색을 손으로 그려 입힌 컬러 슬라이드들로 이런 것들은 직접 찍은 것이 아니라 중국, 일본, 조선 또는 미국 등지에서 구매한 것들이다. 필름의 흑백 이미지에 손으로 직접 색깔을 입히는 이러한 작업의 제품들도 그 제품의 질에 따라 색상도에 큰 차이가 있었다. 색상도가 높으면서도 다양한 색을 입힌 제품은 그만큼 가격이 비싸고, 실제의 천연색 이미지들을 대하는 것처럼 생생하면서도 자연스러워 보인다. 이러한 고급제품들과 비교하여 색을 입힌 것이 어설픈 제품들은 실제의 흑백 이미지보다 부자연스럽거나 성의 없이 보여, 원시와 미개의 산물임을 더욱 부추기는 그런 값싼 이미지로 전락한 느낌도 든다.

그림 65 게이샤, 1910년대

예를 들어, 일본의 게이샤 풍습을 서구인들에게 홍보하기 위하여 고베에서 제작된 워너의 소장 슬라이드(그림 65)와, 같은 소장품 중에서 조선의 장승 이미지를 담은 풍경의 이미지(그림 66)를 비교해보자. 대충 성의 없이 색을 입혀 더욱 촌스러워 보이는 조선의 이미지에 비해 기모노의 화려한 색감을 강조하면서도 무언가 짜임새 있어 자연스럽게 다양한 색을 입힌 일본의 이미지는 서구인들에게 더욱 호감이 가게 고급스러워 보인다.

일본은 서구인들과 마찬가지로 랜턴 슬라이드를 그들의 교육적, 정치적, 경제적 홍보효과를 높이기 위하여 사진의 연출에 적극적이었다. 다음 두 사진을 비교해보자. 생소한 조선의 어린이들을 길가에서 모아 찍은 워너의 흑백 이미지(그림 67)와 비슷한 또래의 어린이

그림 66 장승, 1910년대

그림 67 경성의 아이들, 1910년대

그림 68 쌀밥 먹는 일본의 어린이, 1910년대

가 쌀밥을 맛있게 먹고 있는 모습으로 "일본의 쌀the Rice of Japan"(그림 68)을 선전하기 위한 연출 사진은 매우 대조적이다. 사진의 주제와 상황은 다르나 쌀밥을 먹고 잘 자라나는 일본의 우량아와 왠지 허기지고 힘없어 웃음을 잃은 조선의 어린이들이라는 인상을 떠올리지 않을 수 없는 시선의 차이가 두 사진에 생생하게 드러난다. 이 두 사진만 보아도 서구인들에게 각인될 조선과 일본의 차이는 그 이상의 상상으로 이어져 일본의 조선에 대한 식민지배는 정당화된다.

이들 컬러 슬라이드들은 대개 경성 시내나 그 주변의 풍경들 중에서 외국인들의 시선을 끌기에 좋은, 특이하거나 색다른 모습의 인

그림 69 남대문, 1920년대

물과 풍경을 담고 있다. 예를 들어, 남대문(그림 69), 원구단 황궁우(그림 70), 원각사 10층석탑과 탑골공원(그림 71), 수원의 화홍문(그림 72) 등이 이런 것들이다. 물론 조선총독부의 신축청사가 자리한 서울의 중심 부분을 남산에서 파노라마로 찍은 1926년 이후의 사진(그림 73)과 함께 경복궁 신무문에서 남쪽을 바라본 담장과 소나무의 풍경(그림 74)도 있다. 이 궁 안의 한적한 장소는 외국인에게 꽤나 알려졌던지 경성제국대학 종교사회학교실의 교수였던 아키바 다카시(1888-1954)나 아카마츠 지조(1886-1960)가 찍은 것으로 추정되는 똑같은 장소의 사진(그림 75)이 있다.[103] 같은 장소이나 북악산과 신무문을 배경으로 찍었으니 오른쪽의 잘생긴 소나무가 워너의 사진에는 왼쪽에 서 있다.

경성의 외곽에서 경성을 둘러싼 성곽의 풍경을 파노라마로 잡

그림 70 원구단 황궁우, 1920년대

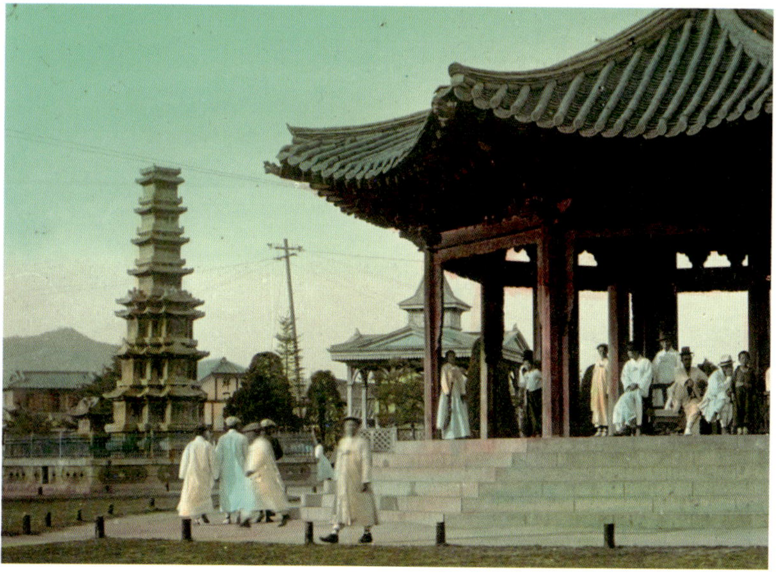

그림 71 원각사 10층석탑과 탑골공원, 1920년대

그림 72 수원 화홍문, 1920년대

그림 73 서울 풍경, 1930년경

그림 74 경복궁 신무문, 1920년대

그림 75 아키바 다카시나 아카마츠 지조가 찍은 것으로 추정되는 그림 74와 똑같은 장소의 사진

그림 76 프랑스 공사관, 1910년대

그림 77 경성의 성곽 풍경, 1910년대

은 흑백의 두 사진이 있다. 그 하나는 서울 성벽의 서쪽 끝자락인 돈의문 쪽의 외곽에서 프랑스 공사관을 찍은 사진(그림 76)이다. 멀리 공사관 바로 밑, 성벽이 보이며 근대식 건물들과 초가집들이 옹기종기 모여 있다. 그보다는 약간 가까이서 서남쪽의 방향으로 바라본 성곽의 풍경(그림 77)에는 멀리, 지금은 평창동의 뒷산인 보현봉과 거기에서 비봉으로 이어지는 능선이 아스라하게 보인다.

워너의 소장사진에는 누렇게 바랜 근대식 제복차림의 고종 황제(그림 78)의 모습도 있다. 제국의 황제이지만 어딘가 초라한 모습이 바랜 사진의 상태 때문에 더욱 초라하게 느껴진다. 어느 모델에게 입혀놓고 찍은 조선시대의 갑옷(그림 79) 사진도 있다. 모델의 몸에 맞지 않는 육중한 느낌의 갑옷이, 저걸 입고 어떻게 싸울 수 있을까 싶을

그림 78 고종 황제, 1900년대

그림 79 조선시대의 갑옷, 1900년대

정도로 어색하다. 그런 반면, 워너가 어느 행사 중에 찍은 일본의 무사가 입은 갑옷과 투구(그림 80)는 조선 것과 비교하여 보다 활동적이며 현실적인 모습이다. 같은 주제의 사진을 찍더라도 찍는 사람이 구사하는 연출의 묘미에 따라 이렇게 달라질 수 있으니, 이 또한 '시선의 정치'라 아니할 수 없다. 흥미롭게도 조선시대 갑

그림 80 일본 무사의 갑옷과 투구, 1920년대

옷에 투구를 쓴 모델의 똑같은 흑백사진이 카를로 로제티Carlo Rossetti가 이탈리아에서 1904-1905년에 출판한 『꼬레아, 꼬레아니Corea e Coreani』에도 실려 있는 것으로 보아 이런 사진들은 1920년대 이후에도 경성에서 쉽게 구입할 수 있었을 것으로 추정된다.[104]

스타에게서 구매한 것들로 추정되는 흑백 슬라이드들은 이미 앞 장에서 보여주었듯이, 좀 더 학술적인 목적이 스며든 듯한 이미지들로 사찰, 불상, 그리고 기타 역사적인, 고고인류학적인 가치가 있을 법한 기념물, 또는 인물들의 모습들이다. 가령, 조선조를 세운 태조 이성계의 어진 영정(그림 81)을 스타는 전주의 경기전에서 찍었을 것이고, 어린 나이에 장가를 가 상투를 튼 소년의 앳된 모습(그림 82)을 사회풍습의 차원에서 찍었을 것이다.

워너의 소장사진 중에서 스타가 찍은 사진 가운데 사찰과 관련한 대부분의 사진은 기록연대가 표기되어 있다. 그 기록들을 종합해 보면 스타는 네 번 조선을 방문했는데, 그 첫 번째인 1911년에는 경주 일대와 은진미륵, 그리고 강화도 등을 여행했다. 앞 장에서 보여준 강화도의 고인돌도 그때 찍은 사진이다. 그후 1913년에 석왕사, 그리고 1915년에 다시 석왕사를 방문한 후 금강산의 신계사, 유점사 등을 거쳐 내금강을 여행했다. 1917년에는 통도사, 범어사, 해인사, 송광사, 법주사, 금산사, 봉은사, 회암사 등 대부분의 사찰을 방문한 것으로 미루어 보아, 『조선 불교』의 출판을 목적으로 한 좀 더 구체적인 이미지들을 확보하기 위한 여행이었다.

워너의 그 나머지 사진은 시기를 추정하기가 곤란한 것들인데 그중에서 그녀가 1929년 직접 찍었을 것으로 추정되는 것들이 있다

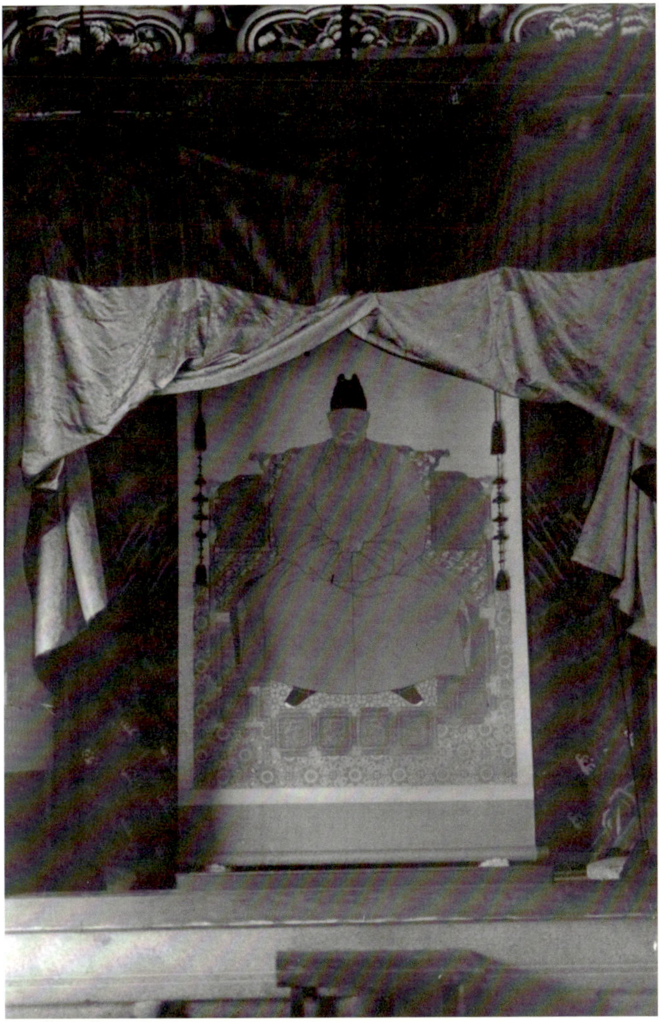

그림 81 〈태조 이성계 어진〉, 경기전, 1910년대

그림 82 상투 튼 소년, 1910년대

면, 보다 여성적인 시선으로 바라본 경성 시내의 일상풍경이나 경부선 역 주변의 모습일 수 있다. 설사 그녀가 직접 찍지 않고 스타에게서, 혹은 다른 상업용 사진을 구매했다 하더라도 그 선택은 전적으로 워너의 시선과 관심을 반영한다.

서구인들이 조선에서 여성들의 일상적인 삶을 가장 쉽게 관찰할 수 있었던 광경은 빨래터였다. 때문에 너도나도 이 모습을 찍었는데, 빨랫감을 머리에 이고 가는 여인의 모습(그림 83)에서부터 경성(그림 84)이나 시골(그림 85)의 빨래터의 모습은 조선 여성의 대표적인 가사노동으로 그들의 여행기에서도 자주 묘사되었다. 빨래에 얽힌 조선 여성의 이야기 중에 키스가 쓴 대목이 있다. 1928년 그녀가 처음으로 출판한 책, 『동양의 창Eastern Windows』에 실린 구절이다. 이야기는 이렇다. 어느 외국인 가정에서 일하는 조선 하인의 부인이 죽었는데, 며칠 후 그의 정부情婦에게 달려가 그 외국인 집의 다른 하녀인 '진실Chinsil'이 자기와 결혼할 것 같은지 물어본다. 왜냐하면, 자기의 옷이 너무 더러워져 죽은 부인 대신 누군가가 옷도 빨아주며 자기를 돌보아야 하므로. 그래서 키스는 "조선에서 깨끗한 옷은 아내를 의미한다Clean white clothes in Korea mean a wife!"라고 이 이야기를 마무리한다.[105] 다소 과장되었지만 이렇듯 외국 여성의 시선에 특히 '빨래'는 조선 여성의 고달픈 삶과 관습을 상징하는 전근대적인 노동이었다. 이러한 사진은 색을 입힌 것으로 보아 당시 경성이나 일본에서 쉽게 구입할 수 있던 사진이었을 것이다.

또한 이와 함께 자주 등장하는 것이 등에 아이를 업은 엄마의 모습이다. "피기백piggy back"이라 불리는 이 모습이 서구인들에게는

그림 83 빨랫감을 이고 가는 아낙네, 1920년대

그림 84 경성의 빨래터, 1920년대

그림 85 시골의 빨래터, 1920년대

그림 86 아기를 업은 일본 소녀들, 1910년대

신기하게 보였던 모양이다. 워너의 사진에는 일본의 어린 소녀들이 그들의 동생인 듯한 아기를 등에 업은 모습(그림 86)도 있다. 조선에서는 경부선의 어느 철도역에서 기차를 기다리는 부부의 모습(그림 87)을 찍었는데, 아이를 등에 업은 아내와 일본식 신식모자에 뒷짐을 지고 우아하게 서 있는 남편의 태도가 인상적이었나 보다. 아마도 가부장적 가족제도하에서 여성의 고달픈 역할을 순간의 시선으로 담으려 한 것 같다.

가리개를 뒤집어쓰고 텅 빈 경성의 거리를 지나가는 여성의 사

그림 87 경부선 철도역의 부부, 1910년대

그림 88 경성 거리의 여인, 1910년대

진(그림 88)도 이러한 맥락의 시선이었을 것이다. 서구인의 시선으로 조선 여인네들의 이러한 복장풍습은 그들이 '오리엔탈리즘'에서 보았던 '차도르'를 쓴 이슬람교도의 여인네들과 다를 바 없었을 것이다. 지역과 문화가 달라도 아직 덜 깨인 타자들의 미개한 모습은 시간과 상관없이 어디에나 존재할 수 있다는 것의 또 다른 표본으로서 이 사진을 사용했을 것이다.

초겨울의 김장 담그는 풍경도 서구인들에게는 대단히 신기했던 모양이다. 워너는 이 광경의 사진을 두 장이나 소장했는데, 색을 입힌 하나는 어느 대갓집 우물가에서 한창 배추를 씻고 절이는 여성들의 활기찬 모습(그림 89)이 보이고, 다른 하나는 흑백사진으로, 김장용 배

그림 89 김장 풍경, 1920년대

추를 길가에 쌓아놓은 풍경(그림 90)이다. 후자는 아마도 배추를 팔기 위해 쌓아놓은 것 같고, '약국'의 간판이 붙은 기와집, 그리고 그 옆집의 함석 지붕과 전봇대가 무언가 변해가는 일상적인 물질의 경제 구조를 암시해주는 것 같다.

이러한 변화의 현상을 좀 더 구체적으로 들여다보자. 일본식 삶과 일상생활이 유입되면서 조선인이 지녔던 삶의 형태들이 빠르게 사라지거나 대체되기 시작한다. 이 변화는 정치적, 사회적 패턴의 유입뿐 아니라, 경제적, 산업적 패턴의 유입에 따라 결정적인 영향을 받는다. 이것을 어쩔 수 없이 겪어야 하는 근대의 과정이라 치부하기에 그 영향은 지나치게 결정적이었다. 예를 들어보자. 워너의 경성 사진

그림 90 김장용 배추를 쌓아 놓은 거리 풍경, 1910년대

중에는 상점을 찍은 것들이 여럿 있는데, 농기구 상점(그림 91), 가사 용품인 바구니 상점(그림 92), 쌀가게(그림 93) 등이 그런 것들이다. 그 중에는 양철로 만든 지붕장식과 물받이 등을 파는 일종의 건자재 상점(그림 94)도 있다. 기와와 초가로 대변하는 우리의 전통가옥의 재료가 일본의 산업 생산물들로 대체되는, 변화한 삶의 한 작은 현장임에 틀림없다.

또 다른 예로 조선의 일상 공예품과 직접적으로 관련되는 전통 의식의 변화도 작은 것 같지만 심각한 양상이었다. 워너의 사진에는 당시 경성에서 관혼상제에 필요한 전통적인 기물器物들을 대여해주거나 아예, 골동품처럼 판매하는 상점(그림 95-1)도 있었다. 이런 상점임을 알 수 있는 것이, 사진 왼쪽의 벽에 걸린 현판 글씨에 신랑의 사모

그림 91 농기구 상점, 1910년대

그림 92 바구니 상점, 1910년대

그림 93 쌀가게, 1910년대

그림 94 건자재 상점, 1910년대

그림 95-1 관혼상제용품 상점, 1910년대

관대紗帽冠帶와 사인교四人轎를 대여한다는 문구가 보이기 때문이다.[106] 또한 사진에는 혼례상, 촛대, 목각 기러기 등이 여러 개 보이므로 이러한 기물들을 대여하거나 파는 상점임을 알 수 있다. 이미 서구풍 연미복과 드레스를 입는 신식의 결혼식이 전통의 혼례의식을 대체하기 시작했고, 상례喪禮도 서구식은 아니나 그 까다로운 절차가 현실생활에 맞게 점차 간소화되기 시작했다는 증거가 이러한 상점들의 출현이다. 과거 조상들의 삶과 함께 하던 의식의 기물들이 이제는 필요할 때만 돈을 내고 빌려서 써도 되는 그런 시대로 접어든 것이다.

이러한 변화는 전통적인 공예품의 생산에 큰 차질을 빚게 되었다. 즉 생산의 장인적인 속성상 수요와 공급의 균형이라는 자본주의 시장경제체제의 논리에 과거의 공예품의 유통방식은 적합하지 않다. 이처럼 현물을 사는 것보다 싼 가격의 세貰를 내고 빌리는 것이므로

그림 95-2 어린이까지 동원된 일본 공예산업의 현장, 1920년대

생산자 입장에서는 그 수요가 절대적으로 감소할 수밖에 없다. 거기에다가 함석, 자기 등 대량생산체제의 값싸고 새로운 재료를 사용한 기물들이 과거의 전통적인 기물들을 대체함으로써 고유의 전통적 경제체제는 붕괴하기 시작했다.

일제는 조선의 자생력으로 새로운 시장경제체제의 패러다임을 수용하고 변할 여지를 주지 않았고, 조선 스스로의 여력도 없었다. 일

찍이 조선 후기의 실학자 박제가朴齊家(1750-1805)가 그의 저서 『북학의北學議』에서 "중국과 일본의 일용품은 경제적, 합리적인 점 때문에 규격화되어 있었다"고 관찰할 때부터 문제의 소지는 발생해 있었다.[107] 반면 일본은 '자뽀니즘Japonisme'의 호황을 20세기 초에도 누려왔다. 워너의 소장 슬라이드(그림 95-2)에서 볼 수 있듯, 일본 공예산업의 현장에 어린 아이들까지 동원하여 공예품의 수출을 독려할 정도였으니, 경제적인 자생력 측면에서 일본은 조선과 달랐다.

그림 96 지게를 진 노인, 1910년대

직업과 그에 따른 노동의 원시적 취약함에 시선을 맞춘 사진 또한 서구인들이 즐겨 찍는 대상이었다. 그중에서 지게를 진 남성의 모습(그림 96)과 소의 등에 땔감을 잔뜩 실은 모습(그림 97)은 여행기의 어디에나 등장하는 단골 메뉴 같은 것이었다. 지게를 진 중년의 노인은 모델을 해달라는 부탁을 받은 게 확실한 표정이며, 왼쪽 옆의 꼬마와 오른쪽 끝의 인력거는 의도적으로 사진에 포함되었다. 시내의 공터에서 돌을 깨는 인부들의 모습(그림 98) 또한 같은 주제인데, 이 공터는 바로 지금의 세종로와 종로가 만나는 네거리이다. 돌을 잘게 부수는 인부들의 공터 뒤편에는 전차가 지나가고 있으며, 일본식 2층

그림 97 나무꾼, 1910년대

가옥의 왼편에 있는 기와 건물은 다름 아닌 고종 황제의 육순이자, 즉위 40주년을 기리는 칭경기념비전稱慶紀念碑殿이다. 도심의 한복판에 있었으니 많은 외국인들의 시선을 받아 로제티의 책에도 등장하며, 똑같은 사진(그림 99)이 알렌이 1908년 출간한 『조선 문물Things Korean』에도 실려 있다.[108]

조선에 대한 워너의 관심이 중국과 일본만은 못해도 1920년대 후반에 들면서 높아진 것은 사실이다. 특히 키스를 만난 이후 지속적으로 조선과 관련한 그녀의 판화와 스케치 작품들을 구매함으로써 그 둘은 화가와 콜렉터 이상의 친분(그림 100-1)을 맺었다. 1929년 경성을 방문한 이후 조선에 대한 워너의 관심은 보다 개인적인 취향의 차원으로까지 확대되었다. 그녀는 조선의 연말연시에 통용되는 연하

그림 98 광화문 공터의 인부들, 1910년대

그림 99 『조선 문물』에 실린 칭경기념비전(稱慶紀念碑殿), 1908년

그림 100-1 오레곤 대학교 미술관 전시장에서의 워너와 키스(오른쪽), 1937년

그림 100-2 엘리자베스 키스, 〈평양의 대동강변〉, 판화, 1920년대 후반

장에도 관심을 보이는 한편, 그녀의 아파트 거실에 평양 대동강가의 풍경을 판화(그림 100-2)로 옮긴 키스의 작품을 걸기도 했다.[109]

6 화가의 시선:

엘리자베스 키스 (Elizabeth Keith)

1919년, 그리고 엘리자베스 키스

엘리자베스 키스(1887-1956)는 스코틀랜드 태생의 영국 여인으로 1919년 3.1 운동 직후 조선을 방문했다. 그녀의 첫 방문은 3월 28일로 3.1 운동 직후였기에 남의 나라였지만 그 누구보다도 충격적이었던 것 같다. 32세로 젊은 미혼의 이 서구 여성은 일본의 무자비함을 실제로 목격하면서 조선과 일본의 정치적 상황을 감정적으로 인지하게 되었다. 때문에 그녀가 가진 조선에 대한 기본적인 정서는 가슴으로부터 느낀 연민과 동정이었다. 거기에 '크리스티안 사이언티스트Christian Scientist'로서 기독교적 합리성을 바탕으로 형성된 휴머니즘의 입장에서 군국주의로 치닫는 일본의 야욕을 미워하고 비판함으로써 더욱 조선에 대한 연민의 정이 쌓였을 것이다. 아마도 '동양'의 여러 나라를 여행했음에도 불구하고 조선을 주제로 한 다수의 작품들을 제작하고 책을 출판한 것도 이러한 정이 있었기에 가능했을 것이다. 그녀가 남긴 108점의 판화 중에서 30여 점이 조선을 주제로 다룬 작품들이었다는 사실이 이를 증명한다.

키스는 다른 외국인들의 경로와 마찬가지로 조선을 방문하기 이전에 일본에 먼저 왔다. 1915년 그녀의 언니, 엘스펫 키스Elspet Keith의 가족을 따라서 일본에 온 후, 그곳에 매료되어 1924년 다시 영국으로 돌아갈 때까지 무려 10년이나 체류했다. 물론, 체류기간 동안 여러 차례 조선을 방문했고, 중국, 인도네시아, 필리핀 등도 여행했다. 런던으로 돌아간 후 오랫동안 '동양'을 두고 온 고향처럼 그리워하다가 1932년과 1935년에 일본을 다시 찾았다. 때문에 키스도 워너처럼 기본적으로 일본통의 서구 여성이었다. 물론 두 여인 모두 그 시대의 서구 신여성들이 갖는 보다 진취적인 세계관으로서의 경험주의적 태도를 가졌기에 '동양'을 더욱 선호했음은 틀림없다. 가령, 키스는 언젠가 하와이의 호놀룰루에서 가진 광고인과의 인터뷰에서 "나는 내가 경험한 모든 것의 일부I am part of all that I have met"라는 알프레드 테니슨Alfred Tennyson의 시「율리시즈Ulysses」의 한 구절을 인용하여 자신의 이러한 세계관을 드러낸 적이 있었다.[110]

키스는 여행 전문 화가였다. 그중에서도 '동양의 그림'을 남들과의 차별전략으로, 그녀의 독창성으로 끌어올린 서구의 여성 화가였다. 사진을 찍어, 혹은 빌려서 자신의 여행기를 출판하는 것이 대세였지만, 그녀는 사진 대신 자신이 선호하는 풍경이나 인물을 직접 그려 여행기와 함께 책으로 출판했다. 이는 그녀가 뛰어난 데생력이 있었으므로 일차적으로 가능했던 일이고, 그녀의 그림을 대중에게 홍보하는 이중의 효과를 발휘했다. 그녀가 판화를 배운 것도 한 장의 원본 그림을 여러 장으로 찍어 팔 수 있는 이점이 있었기 때문이다.

키스는 두 권의 책을 출판했다. 화집과 여행기를 겸비한 책으로서, 1928년『동양의 창Eastern Windows』을, 1946년『옛 한국, 고요한 아침의 나라Old Korea: The Land of Morning Calm』를 출판했다. 전자는 1924년까지 그녀가 여행한 동양의 나라들에 관한 것이었고, 후자는 일본의 패망 이후 몇 번에 걸친 '옛 한국'에서의 여행에 관한 기록이라 할 수 있다. 『동양의 창Eastern Windows』의 서문에서 키스는 동경에서 개최한 자신의 개인전에서 일본 목판화의 최고 장인인 와타나베Watanabe를 만났고, 그의 제안에 따라 자기가 얼마나 노력하여 일본의 목판화를 배웠는지 밝히면서, 목판화로 옮긴 자신의 작품이 "외국인 여행자들에게 매우 인기를 끌 것이다"라는 와타나베의 말을 빌어 자랑한다.[111] 또한 미국의 독자들을 겨냥한 영국인의 우월감 비슷한 한마디를 던진다.

> "If one must have a motive other than joy in traveling, let me commend that of a charming American who confided in me that she was taking her young grandson round the world to 'get rid of the provincialism of Eton!'"[112]
> "여행에 즐거움 말고도 다른 이유가 필요하다면, 어린 손자를 데리고 '이튼의 지방주의를 없애기 위해' 세계를 돌아다닌 것이라고 내게 비밀을 털어놓은 어떤 매력적인 미국인의 이유를 권하고 싶다."

맞는 말이지만 이 얼마나 시건방진 발언인가? 이 책은 그녀의 언니가 편집했으며, 미국의 보스턴과 뉴욕에서 출판되었다.[113]

1946년 출판된 『옛 한국』은 영어권의 독자를 겨냥한 한국에 대한 책이다. 이 책의 여행기는 키스의 언니가 집필해서 공동저자로 영국에서 출판했다.[114] 그런데 책의 출판 시점이 매우 정치적인 복선을 깔고 있는 듯하다. 우선, 키스는 "조선의 독립을 위하여 일본과 싸운 모든 사람들에게" 그러면서도 특별히 더글라스 맥아더 장군General Douglas MacArthur과 체스터 니미츠 제독Admiral Chester Nimitz에게 이 책을 헌정했다.[115] 2차 세계대전의 두 영웅에게 이 책을 바치면서 자신과의 관계를 언급하는 것이 중요했을 것이다. 키스는 미 해군의 니미츠 제독을 필리핀 마닐라에서 만난 적이 있으며, 1941년 처칠 영국 수상과 루즈벨트 미국 대통령이 미 해군의 역사적인 함정, "아우구스타U.S.S. Augusta" 호에서 만나 양국 간의 동맹을 확인하는 "대서양 선언Atlantic Charter"을 발표할 때, 그 배의 만찬장에 자신의 작품, 〈마닐라의 닭싸움The Cock Fight, Manila〉이 걸려 있었음을 영예롭게 생각했다.[116] 또한 맥아더 장군도 자신의 판화 작품을 몇 점 소장한 것을 알고 있다고 헌정사에서 밝혔다. 그들이 자신의 작품을 소장한 것도 개인적인 명예지만, 아울러 이들이 소장할 정도로 자신의 작품이 가치가 있다는 홍보가 저절로 되는 셈이다. 이런 측면에서 키스에게 『옛 한국Old Korea』의 출판은 시기 적절하게 조선을 알리는 기회이자, 자신의 조선 관련 작품의 판매를 촉진할 수 있는 작가 스스로의 마케팅 전략이기도 하다.

『옛 한국』의 핵심 내용은 키스와 그녀의 언니가 조선을 여행하면서 느끼고 본 일제의 압정을—특히 3.1 운동의 저변을 외국인의 시선으로 현장감 있게—폭로하는 것이었다. 예를 들어, 키스는 서문에서 그 동안 일제가 "훔쳐간" 조선의 고미술품들을 반환할 것을 강력한 문구로 촉구했다.[117] 아마도 이것은 외국인으로서 조선 문화재의 반환을 일본에 요청한 첫 공식적인 출판물의 사례일 것이다.

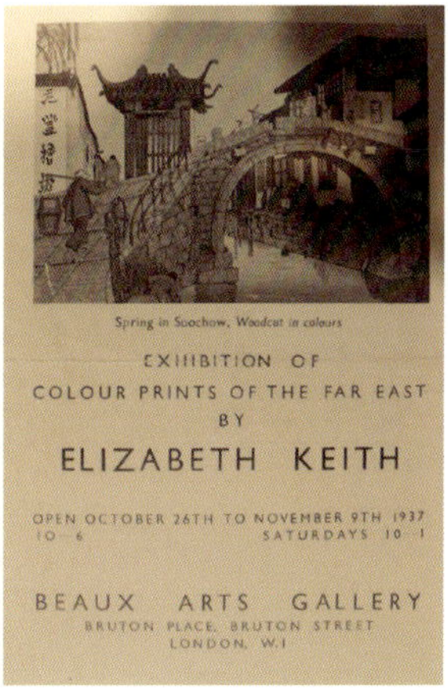

그림 101 엘리자베스 키스의 개인전 포스터, 1937년

키스 자매가 군국주의 일본으로부터 눈을 돌리기 시작한 것은 1932년의 만주사변 때부터이다. 일본에의 증오심은 날이 갈수록 더해 그들 자신도 그들이 좋아했던 과거의 일본이 아님을 안타까워하기도 하고, 그로 인해 고민도 한다. 당시 키스의 언니 엘스펫이 워너에게 보낸 서신을 보면 외국인조차 일본이 자행하는 전쟁에 수긍하지 않는 경우 일본에 머무르는 것이 불가능하며 이들이 사랑하던 일본은 더 이상 존재하지 않음을 묘사하고 있다.[118] 몇 달 후 엘스펫은 워너에게 다시 서신을 보내면서 일본군에 대한 증오와 그들이 파괴한 것들에 대한 안타까움을 한층 더 강하게 묘사했다.[119] 그러면서 전쟁만으로 일본 전체를 폄하하지는 않지만 일본 군대의 잔혹한 행위가 이탈리아나 독일과 다르지 않다고 언급했다. 이 시기부터 키스는 "기덕奇德"이라는 한자식 우리 이름을 그녀의 작품에 사용하기도 했다. 그녀는 조선에서 결핵퇴치운동의 일환으로 발행하는 크리스마스 실seal 그림을 세 번이나 그렸는데, 이때 "기덕"이란 이름을 낙관처럼 사용했다.[120]

1937년 2월 키스는 일본 동경의 제국호텔에서, 3월에는 미국 오레곤 대학교의 미술관에서, 그리고 10월 26일부터 11월 9일까지는 런던의 보자르 갤러리Beaux Arts Gallery에서 개인전(그림 101)을 가졌다. 그러나 유럽과 미국에서의 반일감정으로 인해 그녀의 작품들은 예전처

럼 팔리지 않아 키스는 재정적으로 힘든 시기를 겪는다.[121] 이제 일본은 더 이상 그녀의 예술을 위한 동경과 선망의 대상이 아니라, 오히려 현실적으로 그녀를 경제적인 곤경에 빠트리는 장본인이 되어버렸다.

『옛 한국』은 그리하여 고통당하는 조선의 이야기를 세계에 알리고자 하는 '인도주의자의 양심서'인 동시에 작가 개인이 처한 상황도 그 배경이 되었다.

또한 키스는 분명 조선에 대한 어느 정도 의도적인 서정적·동화적 묘사를 시도했다. 때문에 이를 토대로 어린이를 위한 책을 출판하고 싶다는 말도 했다.[122] 조선에 대한 그녀의 따뜻한 시선 속에는 솔직하면서도 때로는 동화처럼 미화시킨 부분들이 있다는 것 역시 부정할 수 없다.

조선에 관한 키스의 작품은 이미 전시나 책을 통하여 우리나라에서 여러 번 소개되었다. 때문에 여기서 그녀의 작품을 일일이 열거할 필요는 없을 것이다. 다만 동화처럼 미화된 그림과 그 안의 이야기들을 '오리엔탈리즘'의 시선으로 살펴볼 필요는 있다. 조선에 대한 따뜻한 시선을 가졌다 하더라도 그녀 역시 서구인이 가졌던 '오리엔탈리즘'의 시선을 극복할 수는 없었을 것이다.

작품의 스타일과 기법적인 측면에서 키스의 수채화와 드로잉은 매우 사실적이다. 이 때문에 풍경이나 인물 등의 가감 없는 대상이 화면에 자연스럽게 묘사되었으므로 거부감을 느끼지 않는다. 예를 들어, 키스의 수채화 〈서울의 설날New Year's Shopping, Seoul〉(그림 102)은 헬렌 하이드(그림 103)나 베르타 럼(그림 104)의 작품들과 비교하면 그 차

그림 102 엘리자베스 키스, 〈서울의 설날〉, 수채화, 1921년

그림 103 헬렌 하이드, 〈모녀〉, 1920년대

그림 104 베르타 럼, 〈우화 속의 여인〉, 1920년대

이가 완연하게 드러난다. 패턴화된 곡선의 장식적인 효과가 거의 '아르누보' 형식을 방불케 하는 하이드나 럼의 작품과 비교하여 키스의 드로잉은 그러한 유행과 거리가 멀다. 이 수채화를 목판화(그림 105)로 옮겨도 약간의 회화적 '리얼리티'는 떨어지더라도 원래의 드로잉이 가지고 있는 선묘의 움직임은 여전하다. 때문에 자연스러우며, 사실적이다.

그런데 문제는 이러한 수채화나 드로잉을 목판화로 옮기는 과정에서 서구인들의 이국적인 정서를 부추길 법한 실제 존재하지도 않는 요소들을 추가하거나 삭제함으로써 의도적으로 서정성을 높이거나 동화 같은 이야기를 만들어낸다는 것이다. '동양'이니까 '동양'다운 무엇이 가미되어야 더욱 잘 팔릴 것으로 생각하는 것이다. 그렇다면 이 '오리엔탈리즘'적 요소를 위한 '추가'나 '왜곡' 혹은 '삭제' 등

그림 105 엘리자베스 키스, 〈서울의 설날〉, 목판화, 1921년

은 키스가 결정할까? 아니면 와타나베같이 목판화를 제작하는 장인들이 결정할까? 또는 둘이 상의해서 결정할까? 키스의 작품이 사실주의적인 자연스러움을 간직했음에도 불구하고, 어찌되었건 이러한 요소들이 그녀의 작품들을 '오리엔탈리즘'의 시선으로 보게 만든다.

좀 더 구체적으로 예를 들어 보자. 키스가 그녀의 첫 저서 『동양의 창』에서 감탄해 마지않았던 원산의 풍경을 그린 2점의 그림이 있다.[123] 그중에서 〈조선의 아침, 원산Morning Mists, Korea〉(그림 106)의 판화에는 그림의 전경에 호쿠사이Hokusai 풍의 소나무들(그림 107)이 병풍처럼 둘러져 있다. 때문에 소나무의 전경과 바다가 있는 배경 사이의 거리감이 갑작스레 좁아져, 마치 카메라로 잡은 듯한 압축적인 전후의 대비감이 오히려 드라마틱한 풍경을 자아낸다. 이러한 구도는 호쿠사이나 히로시게Hiroshige 등 일본 채색목판화가들이 사용하던 전형적인 기법이었다. 그림을 그린 키스나 이것을 판화로 제작한 와타나베 모두 이러한 풍경구도에 영향을 받았다는 것은 너무나 자명하다. 이 풍경 사이를 어떤 노인네와 손자일 법한 아이가 젖소를 타고 가는데, 도대체 이럴 수가 없다. 곰방대를 물고, 손자를 뒤에 태우고 그것도 새벽녘에 보통 소도 아닌 젖소를 타고 간다? 이건 한국인이라면 누가 봐도 넌센스다. 그러나 외국인들이야 자기들이 흔히 보는 소이거니 할 것이고, 말馬 대신 소를 탄 노인네와 아이의 목가적인, 그러나 이국적인 풍경에 매료될 수도 있겠다.

키스의 작품 중에 〈보도각 백불White Buddha, Korea〉(그림 108-1)도 경우는 다르나 역시 당시의 실제 풍경과 다르다. 지금의 홍제동 세검정 쪽을 지나면서 외국인들이 항상 들러가는 곳이 키스의 목판화에 등

그림 106 엘리자베스 키스, 〈조선의 아침, 원산〉, 목판화, 1922년

그림 107 호쿠사이, 〈후지산 풍경〉, 목판화, 1830년대

그림 108-1 엘리자베스 키스, 〈보도각 백불〉, 목판화, 1920년대 후반

그림 108-2 아펜젤러 사진첩 15-01, 보도각 백불, 1900년

장하는 보도각 백불(그림 108-2)이다. 경성 시내에서 가까우므로 특히 많이 찾는데, 위의 사진은 아펜젤러Henry Gerhard Appenzeller(1858-1902)가 1900년에 직접 찍은 사진이다. 워너의 흑백사진은 이와 다른데, 백불을 아주 가까이서 찍은 사진(그림 109)과 백불을 새긴 바위와 전각의 옆 모습(그림 110)을 찍었다. 위의 사진들을 종합해보면 '백불' 앞에는 키스의 판화에 등장하는 연못이나 냇물이 없다. 원래는 백불 앞이 계곡이었고 냇물이 흘렀으나, 토사가 산 쪽에서 너무 많이 흘러내려와 계곡을 메워 아펜젤러의 사진에서 보는 것처럼 백불 앞은 그냥 평평한 땅이다. 때문에 이 또한 있지도 않는 물을 풍경에 추가한 것인데,

그림 109 보도각 백불, 1910년대

그림 110 백불의 바위와 전각, 1910년대

연못에 어슴푸레 반사되는 백불의 이미지와 함께 보다 '동양'의 신비스러움을 강조하기 위한 장치일 것이다.

'동양'의 종교적 신비스러움을 강조하기 위해 금강산의 풍경에 구름을 타고 내려온 부처님들과 두 마리의 호랑이, 그리고 물 속에서 머리만 내놓은 용을 추가한 목판화(그림 111)도 있다. 정도가 지나쳤지만, 이 풍경의 제목이 〈환상의 금강산The Diamond Mts. Korea, A Fantasy〉으로 되어 있으니, 이걸 보고 비현실적이라고 따질 사람은 어디에도 없을 것이다. 아홉 마리의 용을, 마치 숨은그림찾기처럼 그려넣은 〈구룡폭포Nine Dragons Fall〉(그림 112)도 같은 컨셉이다.

때문에 작품성을 염두에 둔 작가의 순수한 창작물이라기보다 판매를 목적으로 한 상품성으로서의 가치를 미술과 접목시킨 경우라 하겠다. 이런 부분이 창작에 대한 타고난 관찰력과 데생력에도 불구하고 그녀를 뛰어난 화가로 자리매김할 수 없는 요인이기도 하다.

상대적으로 키스의 사실주의적 면모를 정확하게 옮긴 목판화도

그림 111 엘리자베스 키스, 〈환상의 금강산〉, 목판화, 1921년

그림 112 엘리자베스 키스, 〈구룡폭포〉, 목판화, 1922년

있다. 1922년 동경에서 열린 그녀의 첫 전시 작품으로 와타나베 소사부로가 목판화로 옮길 것을 강력히 주장한 작품, 〈동대문의 달밤Moonlight at East Gate, Seoul〉(그림 113)이 그것이다.[124] 여기서 키스의 정확한 데생력을 감지할 수 있는데, 당시에 키스의 작품과 일치한 시점에서 찍은 사진(그림 114)과 비교해보자. 키스의 판화에는 사진 왼편의 기와집

그림 113 엘리자베스 키스, 〈동대문의 달밤〉, 목판화, 1920년

과 초가집이 없지만 달빛을 받은 초가집의 그늘이 나타나 있다. 또한 문의 성벽을 싸고 있는 담쟁이 덩굴의 모습이 너무나 흡사하여, 혹시 이 사진을 참고하여 그리지 않았나 싶을 정도다.

키스는 일본에서 목판화를 배웠다. 아니 배웠다기보다 접했다고 보는 편이 나을 것이다. 한때, 그녀는 프랑스에서 에칭의 동판화도 배웠다. 일본의 목판화는 그녀의 원화原畵를 기법적인 측면에서 받쳐 주면서 아울러 상업적인 측면에서도 성공을 거두게 도와줬다. 키스의 일본 사랑은 특히 '자뽀니즘Japonisme'을 계기로 유럽 화단을 매료시킨 일본의 '채색목판화Ukiyoe'를 계승한 '신판화Shin-hanga'를 습득하기 시작하면서 그 열정이 배가되었다. 20세기 초반 이후 '우끼요에'

그림 114 동대문, 1920년대

의 열기가 유럽과 미국에서 식어갈 즈음, 오히려 아마추어 급의 서양 화가들은 그들의 동양과의 연고와 함께 일본으로 가 목판화를 체득하는 것이 일종의 유행처럼 빈번했다. 워너와 친분이 두터운 헬렌 하이드와 릴리언 밀러, 베르타 럼 등 여성 작가들은 일본에서 그들의 커뮤니티를 형성하며 '우끼요에'의 전통에 힘입어 그들의 회화적 자질로 대중의 사랑을 받은 작가들이라 말할 수 있다.[125]

키스 역시 이러한 시기에 일본에서 목판화를 배웠으나 다른 화가들과 비교하여 그 영향에서 벗어나 어느 정도 자신만의 스타일을 성취했다. 그녀는 일본의 목판화를 "미술과 기법의 완벽한 결합the perfect union of an art and craft"이라 얘기할 정도로 높게 평가했다. 거기에다가 그녀는 무조건적인 예우가 사회적 관계의 핵심이었던, 스승과 제자 사이의 장인제도를 중요시하는 일본인들의 조화와 깔끔함, 엄격함, 복종 등을 좋게 평가한 일본통이었으나, 일본의 전쟁야욕과 함께 그들로부터 서서히 멀어져갔다.

기독교 정신 속 예술의 한계

키스는 기독교 정신을 바탕으로 한 서양의 화가였다. 그녀가 처음으로 경성에 도착한 1919년에도 그녀는 호텔에 머무르지 않고, 곧바로 동대문 옆의 감리교 선교부에 기거했다. 그곳의 제임스 게일James Gale 목사의 도움으로 조선에 관한 모든 것을 파악하기 시작했다. 한 예로, 게일 목사의 알선으로 키스는 조선 말기 온건개화파의 상징인 운양 김윤식(1835-1922)의 초상화를 제작할 수 있었다.[126]

키스가 워너와 왕래한 서신에는 여행을 통한 그들의 세계관이 기독교적 정신에 깊이 뿌리박고 있음을 여러 번 비쳤다. 기독교 중에서도 이 여인들은 개신교를 선호했고, 그중에서도 '크리스티안 사이언티스트Christian Scientists'를 특히 더 신봉했다. 그들은 동양의 어디를 여행하든 일단 그곳 선교단체와의 접촉을 먼저 시도했다. 예를 들어, 키스가 영국에서 워너에게 1927년 6월 5일 보낸 편지의 내용 중 다음과 같은 구절이 이를 증명한다.

"I want to go to Indo China, please give me all the advice you

can, and any introductions especially to Christian Scientists Please. Are there any special spots (…) and are there any protestant missionaries? I should not wish to go to Catholic missionaries"
"인도차이나에 가보고 싶습니다. 당신이 해줄 수 있는 모든 충고를 부탁드리며, 특히 '크리티안 사이언티스트'를 소개해주길 바랍니다. 그곳에 특별한 장소들이 있습니까? (…) 그리고 신교도 선교사들이 있습니까? 저는 가톨릭 선교사에게는 가지 않기를 바랍니다만."

또한, 일본의 전쟁야욕을 개탄하면서도 키스는 결국 '크리스티안 사이언티스트'의 정신만이 이를 구제할 수 있다고 믿는다. 1936년 2월 6일 워너에게 보낸 편지에 키스는 다음과 같이 말한다.

"(…) I am writing from Kyoto (…) Christian Science is the only way-there is no other (…)"
"(…) 저는 교토에서 이 편지를 쓰고 있습니다. (…) 크리스티안 사이언스만이 유일한 길입니다. (…)"

이처럼 키스 역시 개신교의 기독교인으로서 그에 걸맞는 사고와 행동을 추구하였으며 선교사들이 미개한 국가에 와서 훌륭한 업적을 남기는 것처럼, 화가도 자신의 작품에 이러한 사고와 행동을 잘 표현하는 것이 하나의 의무라고 생각했다. 때문에 그녀에게는 예술도 기독교적 정신을 실현하는 일종의 선교행위와 다를 바 없었다. 아마도 이런 뜻에서 오레곤 대학교 미술관 관장은 그가 기획한 키스의 개인전에 다음과 같은 코멘트를 남겼을 것이다.

> "What courage, spirit of adventure and search for beauty must have constantly inspired this European pilgrim to seek artistic and spiritual fulfillment in those colonial, warring times"[127]
>
> "어떤 용기, 모험심, 미를 향한 추구가 식민지 전쟁 시기 이 유럽의 순례자들에게 예술적, 정신적 실현을 찾도록 끊임없이 영감을 주었던 것이 틀림없다."

이들에게 '동양'은 '서양'이 깨우쳐주어야 할 순교의 대상이었다. 분야와 직업, 그에 따른 목적과 역할, 또한 개인적인 기질의 취향과 선택, 이 모든 것에 정도의 차이는 있으나 궁극적으로 이들은 모두 기독교 내의 문제였다. 문명과 미개, 기술과 예술, 도덕과 윤리, 이 모든 기준의 잣대는 결국 기독교였다는 것이 필자의 결론이다. 잉거슨과 같은 선교사가 아니더라도, 예술과 문화의 고급스러움을 자본의 힘으로 '동양'에서 찾으려 한 워너도, 화가인 키스도 '동양'은 그들이 지켜야 할 순교지 같은 것이었다. '고요한 아침의 나라' 조선은 더욱더 그랬다. 그래서 그림으로 기록하고, 고의古意의 물건을 모으고, 말씀을 전해야 할, 순수와 무지와 이단의 땅이었어야 했다.

시선에 갇힌 그들은 '동양'의 진실을 볼 수 없었다. 왜냐하면 진실은 재현해낼 수 있는 대상이 아니다. 그러나 그들은 진실을 재현해 낼 수 있는 대상으로 믿었고, 그것에 신념을 부여하고, 그것의 실현을 위한 온갖 과학적, 기술적 방법들을 적용했다. 그러나, 재현은 태생적으로 진실에 가까이 갈 수 있을 뿐, 재현 그 자체가 진실일 수는 없다.

주

1 이경민, 『경성, 사진에 박히다: 사진으로 읽는 한국 근대 문화사』 (파주: 산책자, 2008), p. 37.

2 Hugh Heung-Wo Cynn, *The Rebirth of Korea* (New York: The Abingdon Press, 1919), p. 16.

3 국사편찬위원회, 『이방인이 본 우리』 (서울: 두산동아, 2009), p. 185.

4 *National Geography*, No. 4 (April 1900), p. 151.

5 *Chicago Record's Historical of the World's Fair*, 1893.

6 Frederick Starr, *Korean Buddhism-History, Condition, Art* (Boston: Marshall Jones Co., 1918).

7 "Since 1911 it has been my privilege to make four journeys into Korea, so long known as 'The Hermit Kingdom'." 위의 책, p. 1.

8 "Introduction," 위의 책, pp. vii-xiii. 서문에 의하면 스타는 수백 장의 사진을 찍어 갔고, 그중에서 150장만을 추려 강연 때 사용했으며, 책에는 37장만 수록했다.

9 위의 책, p. xiii.

10 돌의 규모와 그 명성으로 보아 강화도 부근리 일대의 고인돌군일 것으로 추정한다.

11 위의 책, pp. x-xi.

12 위의 책, pp. 36-37.

13 위의 책, pp. 37-38.

14 위의 책, p. 38. 스타는 이능화로부터 이 사실을 직접 들었다. 스타가 1917년 이능화를 만났을 때 그의 『조선 불교통사』는 총독부의 검열을 받는 중이었다.

15 위의 책, pp. 64-65.

16 위의 책, p. 35.

17 위의 책, pp. 35-36.

18 최병헌, 「일제불교의 침투와 식민지불교의 성격」, 『식민주의의 정치적 유산』 (서울대학교 역사연구소, 2009), p. 21.

19 위의 책, p. 25.

20 위의 책, p. 34.

21 Starr, 앞의 책, pp. 62-63. 스타 일행이 도착한 초파일 전날 약 1만여 명의 신도들이 절 주변의 야외에서 잠을 잤고, 행사 당일에는 약 1만 5,000여 명이 운집한 것으로 추정하면서, 대부분의 신도들은 여성이었고, 일본인은 몇 사람밖에 없었다고 술회했다. 또한, 초파일 저녁에는 부처님의 일생을 다룬 무성영화도 상영했고, 이 모든 행사를 보니 조선의 불교가 결코 죽지 않았음("All this does not look much like death!")을 확인했다고 언급했다.

22 위의 책, p. 96. 그림 XXXVI은 법주사의 탱화이고, 그림 XXXVII은 통도사의 탱화이다.

23 위의 책, p. 23, 그림 VIII. 워너가 소장한 사진과 정확하게 일치하는 사진이다.

24 위의 책, pp. 26-27, 그림 XII; XIII.

25 위의 책, p. 27.

26 위의 책, p. 55.

27 위의 책, pp. 56-57.

28 위의 책, 그림 X.

29 위의 책, pp. 24-26.

30 Trumbull White, *Glimpses of the Orient: The Manners, Customs, Life and History of the People of China, Japan and Corea* (Philadelphia: P. W. Ziegler & Co., 1897). 이 책에 실린 은진미륵불의 이미지는 사진을 판화로 옮긴 것인데, 원래의 사진은 1894년에 출간한 W. R. Carles의 저서, *Life in Korea* (New York: Macmillan & Co.)에 실려 있다.

31 William Elliot Griffis, *Korean Fairy Tales* (London: George G. Harrap, 1922), pp. 56-57.

32 충청남도 유형문화재 제88호임.

33 Starr, 앞의 책, p. 24.

34 위의 책.

35 안성시 향토유적 제10호와 15호임.

36 이문웅·강정원·선일 (편), 『서울대학교 박물관 소장 식민지시기 유리건판』 (서울: 서울대학교출판부, 2008), p. 464, 그림 유적 173.

37 그나마 금강산 관광과 연계하여 신계사가 2007년 남북 합작으로 복원을 했는데, 얼마만큼 옛 모습이 되살아날지는 의문이다.

38 George Curzon, "Diamond Mountain of Korea," *National Geographic Magazine* (October 1924).

39 Starr, 앞의 책, p. 70, 그림 XIV.

40 위의 책, p. 34. 스타는 다음과 같이 기술했다:

"To-day is 1918. I have been visiting Korea since 1911 and have seen what seems to be definite growth and revival of the old religion. Buddhism appears to-day to be very far from dead in Korea. It shows signs of active life and there may be prospects of its future growth and large development."

"오늘은 1918년이다. 나는 1911년부터 조선을 방문하기 시작했고, 지금까지 확고한 성장과 오랜 종교의 부활을 목격해왔다. 조선에서 지금의 불교가 죽었다고 보기 힘들다. 활동적인 생활의 조짐을 보이며 미래에 더욱 성장하고 크게 발달할 것으로 예상된다."

41 데니의 실제 직책은 대한제국의 외무대신(Director of Foreign Affairs)과 내무부대신(Vice-President of the Home Office)으로 고종 황제를 언제나 직접 알현할 수 있는 위치였다.

42 http://en.wikipedia.org/wiki/Foreign_government_advisors_in_Meiji_Japan (최종검색일: 2012년 11월 2일).

43 Cecilia Rosenow, "Pictures of the Floating World: American Modernist Poetry and Cultural Translations of Japan," Ph. D. Dissertation, University of Oregon, 2002, p. 24.

44 위의 논문, pp. 24-25.

45 Robert Swartout Jr. (ed.), *An American Adviser in Late Yi Korea: Owen Nickerson Denny* (Tuscaloosa: University of Alabama, 1984), pp. 3-4.

46 1886년 7월 13일 자 데니가 웨트모어(Mr. Wetmore)에게 보낸 편지: "We have some splendid coal upon the Tatong[Taedong] River, about 130 miles from Chemulpo. (…) I shall try and go up to examine it. Should we work it, we shall have to either grant a concession or negotiate a loan with which to open it. If a concession is granted, [I] shall submit the matter to you first (…)."

"대동강 근처, 제물포에서 130마일 가량 떨어진 곳에 아주 좋은 석탄이 있습니다. (…) 그곳에 이를 조사하러 가려고 합니다. 작업에 착수할지에 앞서, 채굴에 대한 허가를 받거나 이를 열기 위한 융자에 대해 협상을 해야 합니다. 만약 채굴이 허가되면, 당신께 제일 먼저 알려드리겠습니다." 위의 책, p. 21.

47 Henry Norman, *The Peoples & Politics of the Far East* (London: T. F. Unwin, 1895), pp. 323-350.

48 위의 책, p. 324.

49 위의 책, p. 350.

50 Swartout Jr., 앞의 책, p. 6; 165 (footnote 22).

51 위의 책, p. 7.

52 위의 책, p. 7.

53 Thomas Gaskell Allen, Jr. and William Lewis Sachtleben, *Across Asia on a Bicycle* (New York: The Century Co., 1903).

54 H. Lee M. Pike, *Our Little Korean Cousin* (Boston: L. C. Page & Company, 1905).

55 위의 책, 마지막 쪽에 있는 광고란이다.

56 " Preface," 위의 책.

57 Ellasue Canter Wagner, *Kumokie, A Bride of Old Korea-A Love Story of the Orient* (Nashville, TN: Publishing House M. E. Church, South, 1922).

58 "How to Make Magic Lantern Slides for Your Own Entertainment," *Chicago Daily Tribune* (September 25, 1904), p. E3.

59 http://brockport175.wordpress.com/2012/06/27/balopticoms-lantern-slides.

60 http://inventors.about.com/od/mstartinventions/a/magic_lantern.htm.

61 http://brockport175.wordpress.com/2012/06/27/balopticoms-lantern-slides/.

62 http://t-enami.org.

63 류대영, 『초기 미국 선교사 연구 1884-1910』 (한국기독교역사연구소, 2001), p. 27.

64 Cynn, 앞의 책 , p. 65.

65 *Korea Review*, Vol. 2, No. 1 (March 1920), p. 7.

66 "Resolution Passed by the Presbyterian General Assembly in St. Louis, May 24th," *Korea Review*, Vol. 1, No. 5 (July 1919), p. 1.

67 Cynn, 앞의 책, p. 15.

68 Martin Schmitt (compiled), *Catalogue of Manuscripts in the University of Oregon Library*, No. 509 (Eugene: University of Oregon, 1971).

69 김승태, 『내한 선교사 총람 1884-1984』 (한국기독교역사연구소, 1994), p. 286.

70 예를 들어, 1926년 1월 2일 자 동아일보는 인거선을 포함한 선천의 세 여인이 한 환자를 도와 경성의 세브란스 병원에 입원할 수 있게끔 도와준 "미담선행"을 실었고, 같은 신문 1928년 4월 2일 자에는 인거선이 교장대리로 보성여학교 졸업식을 성대하게 치뤘다고 보도했다.

71 Vera Ingerson, "Personal Report of Vera Ingerson, 1918-1919" (University of Oregon Libraries, Special Collections & University Archives).

72 Vera Ingerson, "Syenchun Station Report, 1921-1922" (University of Oregon Libraries, Special Collections & University Archives).

73 위의 문서, p. 5.

74 위의 문서.

75 황상익·기창덕, 「조선말과 일제강점기 동안 내한한 서양 선교의료인의 활동분석」(1994년 대한의사학회 춘계학술대회 발표논문).

76 F. E. C. Williams and Gerald Bonwick (ed.), *The Korea Missions Year Book* (Seoul: Christian Literature Society of Korea, 1928), pp. 32-35.

77 Ingerson, 앞의 문서 (1918-1919): "We in Syenchun began our year's work by entertaining the Presbyterian Council and the Korean General Assembly the first day of September. Meeting members of all four Presbyterian Missions in Korea and seeing the members of Korean Pastors and elders gathered to discuss the work of the church (…)"

"선천에서 우리는 장로교 의회와 조선 총회를 접대하는 것으로 9월 첫째 날, 우리의 한 해 일을 시작하였습니다. 조선의 장로교 선교회 4곳의 모든 회원을 만나고, 조선인 목사님들과 모인 어른 분들을 뵙고 교회의 일에 대해 의논하고 (…)"

78 위의 문서, p. 1.

79 위의 문서, pp. 2-3. 이하 같은 보고서이므로 주를 생략함.

80 Martha H. Patterson (ed.), *The American New Women Revisited: A Reader, 1894-1930* (New Brunswick: Rutgers University Press, 2008).

81 Kathleen Metzger, "The Traveler," *Precious Cargo: The Legacy of Gertrude Bass Warner*, Exhibition Catalog (June 14, 1997-September 29, 1997), p. 7.

82 Letter from Gertrude Bass Warner, November 1924 (University of Oregon Museum, Warner Collections). http://libweb.uoregon.edu/speccoll/photo/warner/escape.html.

83 위의 편지: "(…) but of course I will not leave the Museum things behind with no one to look after them."

"하지만 물론 저는 박물관의 소장품들을 돌볼 누군가도 없이 두고 떠나지 않을 것입니다."

84 1937년 11월 9일 자 편지.

85 Gertrude Bass Warner, "Friendly Relations" (address given in 1924). Cited in *Precious Cargo*, Exhibition Catalogue (University of Oregon Museum of Art, 1997), p. 17.

86 키스의 편지.

87 키스와 워너는 1920년대부터 1940년대까지 서신을 통해 지속적으로 친분을 유지해 왔다.

88 일본의 풍경을 그린 헬렌 하이드(Helen Hyde)의 판화들 역시 워너가 선호하는 콜렉

션이었다.

89 최근 한국에서 키스와 관련한 전시와 저술 활동을 살펴보면 다음과 같다.

① 전북도립미술관, "푸른 눈에 비친 옛 한국, 엘리자베스 키스展," 2006년 9월 29일-11월 5일. 이 전시는 뒤이어 '국공립미술관 특별순회전'의 형식으로 과천 국립현대미술관에서도 열렸다(2006년 12월 8일-2007년 2월 11일).

② 엘리자베스 키스·엘스펫 스콧, 『영국 화가 엘리자베스 키스의 코리아, 1920-1940』, 송영달 옮김 (서울: 책과함께, 2006). 이 책은 미국 LA에 거주하는 옮긴이가 키스의 저서, *Old Korea*를 번역·편집한 것이다.

③ 이충렬, 『그림으로 읽는 한국 근대의 풍경』 (서울: 김영사, 2011), 13, 18장에 키스에 관한 내용과 그림이 실려 있다.

④ 엘리자베스 키스, 『키스, 동양의 창을 열다』, 송영달 옮김 (서울: 책과함께, 2012).

90 키스는 희소성의 가치를 강조하며 아이누족 스케치를 워너에게 판매하고자 서신을 통해 그 제안을 1927년부터 하기 시작했다. 그녀가 제안한 가격은 150불이었다. Letter from Keith to Warner (June 5, 1927): "By the way I have piece of sketches and want to see you one of them (…) this old Ainu (…) until you have had first choice; it is unique I have never heard of any artistic making studies of the Ainu (…) It will be $150 to you (…)."

키스가 워너에게 보낸 편지 (1927년 6월 5일): "그나저나 제가 스케치들을 좀 가지고 있는데 이 중 하나인 오래된 아이누족 스케치를 당신에게 꼭 보여주고 싶습니다; 이것은 아주 독특하고, 저도 지금까지 아이누족에 대해 이렇게 예술적인 연구를 한 것을 들어본 적이 없습니다. (…) 당신에게 150불에 드리지요. (…)"

91 "Christian Science Church" 혹은 "Christian Science Practitioner"로 불리는 이 개신교의 한 교파는 삼위일체설(Trinitarian)을 신봉하지 않는다. 매리 베이커 에디(Mary Baker Eddy, 1821-1910)에 의해 1879년에 설립되었다. 주로 "Christian Scientists"로 불리며, "Christian Science Societies"를 형성하고, 전 세계에 매일 *Christian Science Monitor*, 그리고 매달 *Christian Science Journal*을 발행한다.

92 워너와 키스 간의 서신은 대단히 중요한 의미를 지니고 있는데, 그 서신을 통하여 두 사람의 이념적, 종교적, 예술적 사고와 자본주의적 태도 등을 알 수 있다. 또한 이들의 서신은 당시 중국, 일본, 한국을 중심으로 한 극동 아시아에서의 현실을 잘 반영하고 있다. 예를 들어, 이들이 전쟁 중의 일본 내에서도 '크리스티안 사이언스' 신도로서의 교감을 계속 가지고 있다는 증명으로 다음의 편지 글을 보자. Letter from Keith to Warner (November 27, 1943): "(…) I saw a notice in our newspapers lately that on the boat which carried repatriated Americans from Japan to India the first mentioned was an old lady of 85, a Christian Science Practitioner!!!!

That was Mrs. Mallory of course."

키스가 워너에게 보낸 편지 (1943년 11월 27일): "(…) 요즘 우리 신문(Christian Science Monitor)에서 본국으로 송환된 미국인들을 태우고 일본에서 인도로 가는 보트에 가장 먼저 언급된 사람은 85세의 '크리스티안 사이언스 실천가'라는 공지를 보았습니다!!!! 그건 분명 말로리 여사였습니다."

93 Charles Lachman, *The Ten Symbols of Longevity: Shipjangsaengdo 十長生圖, An Important Korean Folding Screen in the Collection of the Jordan Schnitzer Museum of Art at the University of Oregon* (Eugene: University of Oregon, 2006), pp. 13-15. 박본수, 「오리건대학교박물관 소장 십장생병풍 연구: 왕세자두후평복진하계병(王世子痘候平復陳賀契屛)의 일례」, 『고궁문화』, 제2호 (국립고궁박물관, 2008), p. 15에도 같은 영수증의 사본이 실려 있다.

94 위의 책, p. 22, 주 18 참조.

95 Letter from John Ferguson to Warner (February 8, 1930): "We are hoping for a letter from Japan telling us of your experience in Tientsin, in Korea and on the railway, but now we shall be obliged to wait until your letter from the ship arrives telling us all what you have done."

존 퍼거슨이 워너에게 보낸 편지 (1930년 2월 8일): "우리는 일본에서 당신이 천진(Tientsin)과 조선에서, 그리고 기찻길 위에서 겪은 경험에 대해 말해주는 편지를 받기를 희망했으나, 이제 지금 우리는 부득이하게도 당신이 한 일에 대해 말해주는 당신의 편지가 선편으로 도착하기를 기다리게 되었습니다."

퍼거슨은 주로 중국 고미술품 전문가로 워너의 콜렉션을 자문하거나, 수집해준 중요 인물이다.

96 Lachman, 앞의 책, pp. 13-14. 오레곤 대학교 미술관의 큐레이터이자 미술사 교수인 라크만도 필자와 같은 견해를 가졌다.

97 위의 책, p. 22, 주 15 참조. 1954년 오레곤 대학교 미술관이 소장한 동양 고미술품의 재고는 다음과 같다: 중국-1,569점, 일본-1,146점, 한국-68점. 중국과 일본 고미술품의 규모에 비하여 한국의 고미술품은 비교할 수 없을 정도로 빈약했다. 이것은 동양에 대한 워너의 일차적인 관심이 중국과 일본이었음을 말해준다.

98 Charles S. Deming, *A Guide to the Diamond Mountains* (Seoul, 1929).

99 한미사진미술관, 『우리 사진의 역사를 열다』, 한미사진미술관개관전 (2006. 9. 23-12. 22), p. 45, 그림 2.

100 위의 책, pp. 11-12.

101 박본수, 앞의 책, pp. 11-35. 최근(2012년 10월 9일-12월 30일) 이 병풍은 국립고궁박물관에서 "왕세자의 쾌유를 축하"하기 위한 다른 병풍들과 함께 전시되었다.

102 오레곤 대학교 나이트 도서관 거트루드 배스 워너 컬렉션이 소장한 5,500여 장의 전체 사진 가운데 필자가 직접 확인한 한국 관련 사진의 정확한 수인데, 아무 정보 없이 풍경이나 인물의 국적을 식별하기에 충분하지 않은 상태의 사진들도 더러 있었다.

103 이문웅·강정원·선일 (편), 앞의 책, p. 586, 그림 유적 17.

104 참고로 *Corea e Coreani*의 저자 로제티(Carlo Rossetti)도 당시에 경성의 무라카미 사진관을 통해 65매 가량의 사진을 구입했다고 하니, 모델이 어수룩한 이 사진 역시 무라카미의 상업용 사진일 수 있다. 이돈수·이순우, 『꼬레아 에 꼬레아니(사진해설판)』 (서울: 하늘재, 2009), p. 6; 256, 그림 II-113a.

105 Elizabeth Keith, *Eastern Windows* (Boston and New York: Houghton Mifflin Co., 1928), p. 20.

106 사진에 나타난 현판의 한자(漢字)는 다음과 같다: "新郎官服과 四人轎各項諸具貰"까지의 한자만 보인다.

107 박제가, 『북학의』. 정시화, 〈유리지 금속작품전〉 (1983년 9월 6-11일, 신세계미술관)에서 재인용함.

108 이돈수·이순우, 앞의 책, p. 124, 그림 II-156.

109 Letter by Warner to Keith (November 9, 1937): "(…) Please tell me, also, the value of those Korean New Year's greeting cards (…)"
워너가 키스에게 보낸 편지 (1937년 11월 9일): "(…) 또한, 조선의 새해 안부카드(연하장)의 가치도 저에게 함께 알려주시길 (…)"
Letter by Warner to Keith (April 7, 1947): "(…) Now when it comes to No.12 The River side, Pyeng Yang, Korea I should like two extra prints. One I intend to hang on the wall of my apartment."
워너가 키스에게 보낸 편지 (1947년 4월 7일): "(…) 작품번호 12, 〈평양의 대동강변〉 판화 2점을 추가로 원합니다. 하나는 제 아파트 벽에 걸 계획입니다."

110 *Elizabeth Keith*, Exhibition Catalog (University of Oregon Museum of Art, September 22, 1974-November 3, 1974), p. 3.

111 Keith, 앞의 책, p. 12.

112 위의 책.

113 Letter by Keith to Gertrude Warner from England (September 23, 1925): "(…) the book is going in the rough. My sister has all (…) I am here in my mother's house with a sister and brother."
키스가 거트루드 워너에게 영국에서 보내는 편지 (1925년 9월 23일): "(…) 책의 초고 작업에 들어갔습니다. 제 언니가 모든 것을 다 가지고 있습니다. (…) 저는 이 곳, 저희 어머니 댁에서 여동생, 남동생과 함께 있습니다."

114 Elizabeth Keith and Elspet Keith Robertson Scott, *Old Korea: The Land of Morning Calm* (London: Hutchinson & Co., 1946).

115 "Dedication," 위의 책: "This book is dedicated to General Douglas MacArthur, Lord Louis Mount Batten, and Admiral Chester Nimitz, and to all men under their commend who were the means of freeing Korea from her oppressor."
"본 책은 더글라스 맥아더 장군, 마운트 바튼 경, 체스터 니미츠 제독, 그리고 그들 지휘 아래 한국을 압제자로부터 자유롭게 하도록 도운 모든 이들에게 바칩니다."

116 위의 책.

117 위의 책, p. 8: "Although Koreans of the last decade may not have appreciated her art treasures as they should have done—the finest paintings, pottery, and sculpture having been taken to Japan—I hope the first act of justice will be the return of these stolen possessions to their birthplace, Korea."
"지난 수십 년간 한국인들이 그들의 보물인 우수한 회화, 도자기, 조각들을 일본에 빼앗기는 등 소중히 여기지 못하였지만, 정의의 첫걸음은 이렇게 훔친 소유물들을 그들의 출생지인 한국으로 반환하는 것이길 바란다.

118 Letter by Jessie to Warner (July 12, 1938): "(…) It was sad to hear how in such a short time, the old way of life has changed and is changing in Kyoto! It is very difficult to stay now in Japan and not approve of their war in China. Everyone writing tells us they will have to leave. The old Japan we know and love is over."
제시(엘스펫 키스의 애칭)가 워너에게 보내는 편지 (1938년 7월 12일): "(…) 그 짧은 시간 동안에 어떻게 오래된 생활방식이 변하고, 또한 교토가 바뀌고 있다는 것을 듣고 슬퍼졌습니다. 이제는 일본에서 일본이 중국과 전쟁을 하고 있다는 사실을 부인하며 지내는 것이 어려워졌습니다. 모두가 우리에게 이 곳을 떠나야 한다고 적고 있습니다. 우리가 알고 사랑해왔던 오래된 일본은 이제 끝났습니다."

119 Letter by Jessie to Warner (November 7, 1938): "(…) I can't keep hate out of my heart to the Japanese military powers! I think it is difficult to forgive the destruction that they are leaving everywhere behind them."
제시가 워너에게 보내는 편지 (1938년 11월 7일): "(…) 저는 더 이상 일본의 무력에 대한 증오를 지워낼 수가 없습니다. 그들이 가는 모든 곳마다 남기는 파괴의 흔적을 용서하기가 저에겐 너무 어려운 것 같습니다."

120 이충렬, 『그림으로 읽는 한국 근대의 풍경』 (서울: 김영사, 2011), pp. 188-193.

121 Letter by Jessie to Warner (December 28, 1937): "(…) I have been advised not to have Exhibition in London, until a little of this anti-Japanese feeling has

gone. How sad it is? And Oh, how needless?"

제시가 워너에게 보낸 편지 (1937년 12월 28일): "(…) 저는 반일감정이 사라질 때까지 런던에서 (키스의) 전시회를 하지 말라는 충고를 들었습니다. 정말 슬픈 일이지요? 얼마나 불필요한 걱정인지요."

한편, 런던의 보자르 갤러리에서의 이 개인전에서 그나마 영국 여왕이 와서 키스의 판화 작품 7점을 사갔다.

Letter by Keith to Warner (December 22, 1937): "She(Queen) was greatly taken with 'Shigiyama in beach' and 'Korean Mother and Child'. She bought 7 prints altogether."

키스가 워너에게 보낸 편지 (1937년 12월 22일): "여왕께서 '해변가의 시기야마'와 '조선의 어머니와 아이'를 대단히 흥미롭다고 생각하셨습니다. 총 7장의 판화를 구입하셨습니다."

122 Letter by Keith to Warner (November or December 1940): "I have been unearthing piles of sketches I did in Korea, every aspect of Korean life is there (…) I always intended to do a book for children."

키스가 워너에게 보낸 편지 (1940년 11월 혹은 12월): "저는 아직 세상에 공개되지 않은, 조선에서 작업했던 스케치 뭉치들을 가지고 있습니다. 여기에는 조선인의 생활에 내한 모든 면이 들어 있었습니다. (…) 저는 늘 어린이들을 위한 책을 만들 계획이 있었습니다."

123 Keith, 앞의 책, p. 22. 그녀의 원산 여행기에도 소를 타고 가는 이야기는 없다.

124 위의 책, p. 11.

125 Bertha Jaques, *Helen Hyde and Her Work* (Chicago: The Libby Co., 1922); Mary Gravalos and Carol Pulin, *Bertha Lum* (Washington DC: Smithsonian Institution Press, 1991).

126 키스·스콧, 앞의 책, pp. 164-165.

127 Richard Paulin, "Introduction," *Elizabeth Keith* (University of Oregon, Museum of Art, 1974).

그림 출처 및 소장처

일러두기

상기 소장처를 다음과 같이 줄여 표기함.

Courtesy Special Collections and Archives, University of Oregon Library (오레곤 대학교 도서관)

Courtesy Jordan Schnitzer Museum of Art, University of Oregon (오레곤 대학교 미술관)

서언: 시선에 갇힌 진실

그림 1 Starr, Frederick. *Korean Buddhism-History, Condition, Art*. Boston: Marshall Jones Co., 1918: 표지.

그림 2 오레곤 대학교 도서관.

2. 시선의 패러다임 I: 문명(인)과 미개(인)

그림 3 오레곤 대학교 도서관.

그림 4 오레곤 대학교 도서관.

그림 5 오레곤 대학교 도서관.

그림 6 오레곤 대학교 도서관.

그림 7 오레곤 대학교 도서관.

그림 8 오레곤 대학교 도서관.

그림 9 오레곤 대학교 도서관.

그림 10 오레곤 대학교 도서관.

그림 11 오레곤 대학교 도서관.

그림 12 http://www.heritagechannel.tv/Story/View.asp?category1stIdx=0&serviceMenuIdx=2&seriesMenuIdx=0&searchText=&orderByColumn=VIEW_CNT&htmlIdx=3763.

그림 13 오레곤 대학교 도서관.

그림 14 오레곤 대학교 도서관.

그림 15　오레곤 대학교 도서관.

그림 16　오레곤 대학교 도서관.

그림 17　오레곤 대학교 도서관.

그림 18　Starr, Frederick. *Korean Buddhism-History, Condition, Art*. Boston: Marshall Jones Co., 1918: 72쪽.

그림 19　오레곤 대학교 도서관.

그림 20-1　정영목.

그림 20-2　정영목.

그림 21　오레곤 대학교 도서관.

그림 22　White, Trumbull. *Glimpses of the Orient: The Manners, Customs, Life and History of the People of China, Japan and Corea*. Philadelphia: P. W. Ziegler & Co., 1897: 표지.

그림 23　Griffis, William Elliot. *Korean Fairy Tales*. London: George G. Harrap, 1922: 56-57쪽.

그림 24　오레곤 대학교 도서관.

그림 25　정영목.

그림 26　오레곤 대학교 도서관.

그림 27　정영목.

그림 28　오레곤 대학교 도서관.

그림 29　서울대학교 박물관.

그림 30　Starr, Frederick. *Korean Buddhism-History, Condition, Art*. Boston: Marshall Jones Co., 1918: 35쪽.

그림 31　Curzon, George Nathaniel. "Diamond Mountains of Korea,", *National Geographic Magazine*, Vol. 46, No. 4. October 1924.

그림 32　Norman, Henry, *The Peoples and Politics of the Far East: Travels and Studies in the British, French, Spanish and Portuguese Colonies, Siberia, China, Japan, Korea, Siam, Malaya*. New York: Charles Scribner's Sons, 1895.

그림 33-1　Starr, Frederick. Korean Buddhism-History, Condition, Art. Boston: Marshall Jones Co., 1918: 74쪽.

그림 33-2　http://www.kimoktae.pe.kr/php/board.php?board=sub73&page=8&command=body&no=503.

그림 34　오레곤 대학교 도서관.

3. 시선의 패러다임 II: 탐험과 모험의 미명 아래

그림 35　Swartout, Robert Jr. ed. *An American Adviser in Late Yi Korea. Owen Nick-*

erson Denny. 1884: 7쪽.

그림 36　Swartout, Robert Jr. ed. *An American Adviser in Late Yi Korea. Owen Nickerson Denny*. 1884: 7쪽.

그림 37　Allen, Thomas Gaskell, Jr., William Lewis Sachtleben. *Across Asia on a Bicycle*. New York: The Century Co., 1903: 표지.

그림 38　Pike, H. Lee M. *Our Little Korean Cousin*. Boston: L. C. Page & Company, 1905: 표지.

그림 39　Pike, H. Lee M. *Our Little Korean Cousin*. Boston: L. C. Page & Company, 1905: 뒤표지.

그림 40　Wagner, Ellasue Ca nter. *Kumokie, A Bride of Old Korea-A Love Story of the Orient*. Nashville TN: Publishing House M. E. Church, South, 1922.

그림 41　Wagner, Ellasue Canter. *Kumokie, A Bride of Old Korea-A Love Story of the Orient*. Nashville TN: Publishing House M. E. Church, South, 1922.

그림 42　http://brockport175.wordpress.com/2012/06/27/balopticoms-lantern-slides.

그림 43　http://t-enami.org.

그림 44　http://t-enami.org.

그림 45　http://t-enami.org.

그림 46　http://t-enami.org.

4. 선교사의 시선: 베라 잉거슨(Vera Ingerson)

그림 47　*Korea Review*. March 1920: 7쪽.

그림 48　오레곤 대학교 도서관.

그림 49　오레곤 대학교 도서관.

그림 50　『동아일보』. 1926년 7월 14일 자.

그림 51　오레곤 대학교 도서관.

그림 52　오레곤 대학교 도서관.

그림 53　오레곤 대학교 도서관.

그림 54　오레곤 대학교 도서관.

부록　Personal Report of Vera F. Ingerson, 1918-1919. 오레곤 대학교 도서관.

부록　Syenchun Station Report, 1921-1922. 오레곤 대학교 도서관.

5. 콜렉터의 시선: 거트루드 워너(Gertrude Warner)

그림 55　오레곤 대학교 도서관.

그림 56　오레곤 대학교 도서관.

그림 57　오레곤 대학교 도서관.

그림 58 오레곤 대학교 도서관.
그림 59 엘리자베스 키스. 〈아이누족(Ainu tribe)〉. 드로잉. 오레곤 대학교 미술관.
그림 60 오레곤 대학교 미술관.
그림 61 Thos. Cool & Son. *Cook's Guide to Peking*. London: Thos. Cool & Son, 1924.
그림 62 Deming, Charles S. *A Guide to the Diamond Mountains*. Seoul, 1929: 뒤표지.
그림 63 오레곤 대학교 미술관.
그림 64 한미사진미술관.
그림 65 오레곤 대학교 도서관.
그림 66 오레곤 대학교 도서관.
그림 67 오레곤 대학교 도서관.
그림 68 오레곤 대학교 도서관.
그림 69 오레곤 대학교 도서관.
그림 70 오레곤 대학교 도서관.
그림 71 오레곤 대학교 도서관.
그림 72 오레곤 대학교 도서관.
그림 73 오레곤 대학교 도서관.
그림 74 오레곤 대학교 도서관.
그림 75 서울대학교 박물관.
그림 76 오레곤 대학교 도서관.
그림 77 오레곤 대학교 도서관.
그림 78 오레곤 대학교 도서관.
그림 79 오레곤 대학교 도서관.
그림 80 오레곤 대학교 도서관.
그림 81 오레곤 대학교 도서관.
그림 82 오레곤 대학교 도서관.
그림 83 오레곤 대학교 도서관.
그림 84 오레곤 대학교 도서관.
그림 85 오레곤 대학교 도서관.
그림 86 오레곤 대학교 도서관.
그림 87 오레곤 대학교 도서관.
그림 88 오레곤 대학교 도서관.
그림 89 오레곤 대학교 도서관.
그림 90 오레곤 대학교 도서관.
그림 91 오레곤 대학교 도서관.
그림 92 오레곤 대학교 도서관.

그림 93 오레곤 대학교 도서관.
그림 94 오레곤 대학교 도서관.
그림 95-1 오레곤 대학교 도서관.
그림 95-2 오레곤 대학교 도서관.
그림 96 오레곤 대학교 도서관.
그림 97 오레곤 대학교 도서관.
그림 98 오레곤 대학교 도서관.
그림 99 Allen, Horace N. *Things Korean*. New York: Fleming H. Revell Co., 1908.
그림 100-1 오레곤 대학교 미술관.
그림 100-2 오레곤 대학교 미술관.

6. 화가의 시선: 엘리자베스 키스(Elizabeth Keith)

그림 101 오레곤 대학교 미술관.
그림 102 오레곤 대학교 미술관.
그림 103 오레곤 대학교 미술관.
그림 104 http://www.woodblock.com/encyclopedia/entries/017_02/lum.html.
그림 105 오레곤 대학교 미술관.
그림 106 송영달 개인소장.
그림 107 http://japaneselandscape.wordpress.com/ukiyo-e/ukiyo-e-prints/36-views-of-mt-fuji-the-great-wave-off-kanagawa-kanagawa-oki-nami-ura-1/.
그림 108-1 오레곤 대학교 미술관.
그림 108-2 배재역사박물관.
그림 109 오레곤 대학교 도서관.
그림 110 오레곤 대학교 도서관.
그림 111 엘리자베스 키스. 〈환상의 금강산(The Diamond Mts. Korea, A Fantasy)〉. 목판화. 오레곤 대학교 미술관.
그림 112 엘리자베스 키스. 〈구룡폭포(Nine Dragons Fall, Diamond Mts.)〉. 목판화. 오레곤 대학교 미술관.
그림 113 엘리자베스 키스. 〈동대문의 달밤(Moonlight at East Gate, Seoul)〉. 목판화. 오레곤 대학교 미술관.
그림 114 Eckardt, Andreas. Trans. J. M. Kindersley, M. A. Oxon. *A History of Korean Art*. London: Edward Goldston, 1929: 도판 15.

참고문헌

1차 자료

Gertrude Bass Warner Collection of Lantern Slide, Special Collections & University Archives, Knight Library, University of Oregon.

Ingerson, Vera. "Personal Report of Vera Ingerson, 1918-1919." University of Oregon Libraries, Special Collections & University Archives.

______. "Syenchun Station Report, 1921-1922." University of Oregon Libraries, Special Collections & University Archives.

Letters with Gertrude Bass Warner and other Materials from the Jordan Schunitzer Museum of Art, University of Oregon.

Murray Warner Collection of Oriental Art from the Jordan Schunitzer Museum of Art, University of Oregon.

해외 단행본

An Official Guide to Eastern Asia: Trans-Continental Connections between Europe and Asia, Vol. 1 (Manchuria & Chosen). Tokyo: The Imperial Japanese Government Railways, 1913.

Chicago Record's Historical of the World's Fair. 1893.

Clack, Donald N. (ed.). *Missionary Photography in Korea Encountering the West through Christianity*. Seoul Selection, 2009.

Cynn, Hugh Heung-Wo. *The Rebirth of Korea*. New York: The Abingdon Press, 1919.

Gravalos, Mary and Carol Pulin. *Bertha Lum*. Washington DC: Smithsonian Institution Press, 1991.

Jaques, Bertha. *Helen Hyde and Her Work*. Chicago: The Libby Co., 1922.

Keith, Elizabeth and Elspet Keith Robertson Scott. *Old Korea: The Land of Morning Calm*. London: Hutchinson & Co., 1946.

Keith, Elizabeth. *Eastern Windows*. Boston and New York: Houghton Mifflin Co., 1928.

Korea Review. March 1920.

Lachman, Charles. *The Ten Symbols of Longevity: Shipjangsaengdo 十長生圖, An Important Korean Folding Screen in the Collection of the Jordan Schnitzer Museum of Art at the University of Oregon*. Eugene: University of Oregon, 2006.

National Geography, No. 4. April 1900.

Patterson, Martha H. (ed.). *The American New Women Revisited: A Reader, 1894-1930*.

Precious Cargo. Exhibition Catalogue. University of Oregon Museum of Art, 1997.

Rosenow, Cecilia L. "Pictures of the Floating World: American Modernist Poetry and Cultural Translations of Japan." Ph. D. Dissertation. University of Oregon, 2002.

Salaman, Malcolm C. (ed.). *Masters of the Colour Print 9 Elizabeth Keith*. London: The Studio Limited, 1933.

Schmitt, Martin (ed.). *Catalogue of ManSuscripts in the University of Oregon Library*. Eugene: University of Oregon, 1971.

Starr, Frederick. *Korean Buddhism-History, Condition, Art*. Boston: Marshall Jones Co., 1918.

______. *The Ainu Group at the Saint Louis Exposition*. Chicago: The Open Court Publishing Company, 1904.

Swartout, Robert R. Jr. (ed.). *An American Adviser in Late Yi Korea: The Letters of Owen Nickerson Denny*. Tuscaloosa: University of Alabama Press, 1984.

Williams, F. E. C. and Gerald Bonwick (ed.). *The Korea Missions Year Book: Issued Under the Directions of the Federal Council of Missions in Korea*. The Christian Literature Society of Korea, 1928.

국내 단행본

김승태. 『내한 선교사 총람 1884-1984』. 한국기독교역사연구소, 1994.

류대영. 『초기 미국 선교사 연구 1884-1910』. 한국기독교역사연구소, 2001.

박지향. 『일그러진 근대』. 서울: 푸른역사, 2003.

키스, 엘리자베스·엘스펫 스콧. 『영국화가 엘리자베스 키스의 코리아, 1920-1940』. 송영달 옮김. 서울: 책과함께, 2006.

키스, 엘리자베스. 『키스 동양의 창을 열다』. 송영달 옮김. 서울: 책과함께, 2012.

이돈수·이순우. 『꼬레아 에 꼬레아니(사진해설판)』. 서울: 하늘재, 2009.
이문웅·강정원·선일 (편). 『서울대학교 박물관 소장 식민지시기 유리건판』. 서울: 서울대학교출판부, 2008.
이충렬. 『그림으로 읽는 한국 근대의 풍경』. 서울: 김영사, 2011.
임혜봉. 『일제하 불교계의 항일운동』. 서울: 민족사, 2001.

국내 학술 논문

박본수. 「오리건대학교박물관 소장 십장생병풍 연구: 왕세자두후평복진하계병(王世子痘候平復陳賀契屛)의 일례」. 『고궁문화』(국립고궁박물관), 제2호. 2008.
최병헌. 「일제불교의 침투와 식민지불교의 성격」. 『식민주의의 정치적 유산』. 서울대학교 역사연구소, 2009.
황상익·기창덕. 「조선말과 일제강점기 동안 내한한 서양 선교의료인의 활동분석」. 1994년 대한의사학회 춘계학술대회 발표논문.